Die schönsten Radtouren

Das Münchner Radlbuch

Abwechslungsreiche Touren für alle Ansprüche

J. BERG

Inhalt

Touren am Wasser

Mit dem Rad zum Baden an den Starnberger See

Blaskapelle in der Kugler Alm

Touren im Grünen

Entdeckertouren

Kultur-Touren

Tourenüberblick

Tour			🚲	🕓	🍴	☺	🏛	☼	🌳	🌅
1	🔵	Vom Deutschen Museum zur Kreuzstraße	39 km	3.30 Std.	●	●	●		●	●
2	🔵	Von Kreuzstraße nach Gmund am Tegernsee	43 km	4 Std.	●	●	●	●		●
3	🔵	Zum Feringa- und zum Speichersee	47 km	4 Std.	●	●	●	●		●
4	🔴	Von Johanneskirchen nach Markt Schwaben	28 km	2.30 Std.	●	●				●
5	🔵	Seenrunde im Norden	24 km	2 Std.	●	●				●
6	⚫	Von Untermenzing nach Fürstenfeldbruck	29 km	2.45 Std.	●		●			●
7	🔴	Von Pasing zum Weßlinger See	26 km	2.45 Std.	●	●				●
8	🔴	Von Pasing nach Starnberg	26 km	2.30 Std.	●	●				●
9	🔵	Zu Maisinger Schlucht und See	31,5 km	3 Std.	●	●	●			●
10	🔵	Zu den Osterseen	30 km	3 Std.	●	●	●	●		●
11	🔴	Zum Deininger Weiher	46 km	4.30 Std.	●	●	●	●	●	●
12	🔴	Mühltal und Wolfratshausen	30 km	2.45 Std.	●		●			
13	🔵	Zur Wallfahrtskapelle Maria Eich	15 km	2 Std.	●	●	●		●	
14	🔵	Von Haidhausen nach Haar	16 km	1.30 Std.	●	●				
15	🔵	Von Giesing nach Oberhaching	23 km	2 Std.	●	●				
16	🔵	Von Thalkirchen nach Gauting	24 km	2 Std.	●					
17	⚫	Von Thalkirchen nach Wolfratshausen	28 km	3 Std.	●					●
18	🔴	Auf den Sandbänken der Isar	51 km	4.30 Std.	●	●	●	●	●	●
19	🔴	Zwischen Penzberg und Bad Heilbrunn	38 km	4 Std.	●	●	●	●		●
20	🔴	Im Murnauer Moos	37 km	4.30 Std.	●	●	●	●		●
21	🔴	Geheimnisvolle Plätze um Leutstetten	40 km	4 Std.	●	●	●	●	●	
22	🔴	Zum Kloster Andechs	37 km	3.30 Std.	●	●	●	●	●	●
23	🔵	Giesing, Ramersdorf, Haidhausen	19 km	2 Std.	●	●				
24	🔵	Walderlebniszentrum Grünwalder Sauschütt	34 km	3 Std.	●	●	●	●	●	
25	🔵	Von der Josephsburg zum Böhmerwaldplatz	26,5 km	2.15 Std.	●	●				●
26	🔵	Vom Böhmerwaldplatz nach Poing	21 km	2 Std.	●	●	●			●
27	🔵	Oberschleißheim und Feldmoching	24 km	2.15 Std.	●	●	●			
28	🔵	Zur Allianz Arena	14 km	2 Std.	●	●	●		●	
29	🔵	Zum Flughafen im Erdinger Moos	33 km	3.30 Std.	●	●	●	●	●	
30	🔴	Vom Olympiazentrum nach Olching	33 km	3.30 Std.	●	●				●
31	🔵	Von Obermenzing nach Eichenau	20 km	2 Std.	●	●				●
32	🔵	Durch die heimliche Radl-Hauptstadt	25 km	2.30 Std.	●	●	●	●	●	
33	🔵	Haidhausen und Bogenhausen	19 km	1.45 Std.	●	●	●			●
34	🔵	Münchner Westen	17 km	1.30 Std.	●	●	●			●
35	🔵	Münchner Norden	23 km	2 Std.	●	●	●			
36	🔵	Von Schwabing zum Harthof	23 km	2.30 Std.	●	●	●			●
37	🔵	Von München nach Freising	37 km	3.30 Std.	●	●	●	●		●
38	🔵	Von München nach Dachau	38 km	3.30 Std.	●	●	●	●		●
39	🔵	Ammersee-Radweg nach Landsberg/Lech	60 km	5.30 Std.	●	●	●	●	●	●
40	⚫	Nach Schrobenhausen	68 km	5.30 Std.	●		●	●	●	

Mit dem Rad zur Isar

Radlstadt mit Herz

München und Umgebung sind ein Radlerparadies. Die Münchner Schotterebene lädt regelrecht dazu ein, mit dem Rad entdeckt zu werden – egal, ob Sie leidenschaftlicher Sportler oder Gelegenheitsradler sind. Denn der Münchner Großraum ist größtenteils flach. Schon in kurzer Zeit gelangt man von der Landeshauptstadt in die grüne Umgebung. Und München selbst? Die Landeshauptstadt bietet zahlreiche grüne Oasen, wie den Pasinger Stadtpark oder den Truderinger Wald, und das nicht nur in den Randbezirken der Stadt. Mit dem zentral gelegenen Englischen Garten besitzen die Münchner einen der größten Stadtparks der Welt und die zentrumsnahen Isarauen laden zu ausgedehnten Radtouren mit genüsslichen Picknicks ein.

Planung

Die Touren in diesem Buch sind unterteilt in vier Hauptkapitel. Bei den **Touren am Wasser** handelt es sich durchwegs um Fahrten entlang von Flüssen oder zu Seen. Eine Badepause sollte man hier auf jeden Fall mit einplanen, außer bei Tour 1, wo der Weg des Trinkwassers in die Münchner Wasserhähne beschrieben wird. Die **Touren im Grünen** führen zu besonders schönen Orten, an denen man gut verweilen und ein Picknick einlegen kann. Geboten werden hier wunderbare Panoramablicke, urige Gaststätten oder auch geheimnisvolle Orte. Die **Entdeckertouren** eignen sich gut für Kinder, wobei auch Erwachsene hier viele neue Einblicke gewinnen können, etwa beim Besuch der Allianz Arena oder auf der Fahrt zum Flughafen. Schließlich folgen noch die **Kultur-Touren** – Radtouren etwa zu den umliegenden Städten, wie Bad Tölz oder Freising, die zum Radl-Naturerlebnis noch zusätzlich kulturhistorische Schätze zu bieten haben.
Alle Touren verlaufen auf guten Radwegen, verkehrsarmen Landstraßen, hin und wieder auch auf einem ausgebauten Wirtschaftsweg und sind meist ohne nennenswerte Steigungen, außer es wird in der Beschreibung ausdrücklich darauf hingewiesen. Bei den Tourenbeschreibungen finden Sie nicht nur **Einkehrmöglichkeiten** am Ende der Tour. Beachten Sie bitte, dass auch die beste Recherche nicht ausreicht: Öffnungszeiten ändern sich gelegentlich, Restaurants und Biergärten schließen – vorü-

Schafidylle im Tölzer Land

bergehend oder für immer – und Pächter können wechseln. Aufgrund schlechter oder unsicherer Wetterlage werden Biergärten teilweise gar nicht erst geöffnet. Informieren Sie sich daher vorab, damit Sie keine böse Überraschung erleben! Die Touren in diesem Buch sind zwischen 14 und 68 Kilometer lang. Sie sollten für die Touren ausreichend Zeit einplanen. Wenn Sie eine Tour zum ersten Mal fahren, berücksichtigen Sie, dass Sie den Weg noch nicht kennen. Die **Zeitangaben** können Ihnen eine erste Orientierung geben, ebenso die Zuordnung zum **Schwierigkeitsgrad**, der von den zu bewältigenden Höhenmetern und der Streckenlänge abhängt. Vor allem Kinder, die bereits alleine mit dem Rad unterwegs sind, sollte man keinesfalls überfordern und individuell Kondition und Alter berücksichtigen.

Zu allen Touren können Sie bequem mit **öffentlichen Verkehrsmitteln** anreisen und zurückfahren. In den meisten Zügen des bayerischen Regionalverkehrs (S-Bahn, RB, RE) ist die Mitnahme von Fahrrädern erlaubt. Die dafür vorgesehenen Waggons sind mit einem Fahrradsymbol gekennzeichnet.

Bedenken Sie aber, dass manche S-Bahnen nicht so häufig fahren. Und ist einmal ein Waggon überfüllt, kann es vorkommen, dass man auf die nächste Bahn warten muss. Informieren Sie sich vorsichtshalber im Voraus, welche Regelungen für die Fahrradmitnahme gelten und wann Sie wieder zurückfahren können.

Die beeindruckende Pappelallee in Feldmoching

Ganz oben: Isar mit Blick in die Alpen

Ausrüstung

Für die im Buch beschriebenen Touren ist ein Trekkingrad, ein robustes Cityrad oder ein verkehrssicheres Mountainbike ausreichend, von Rennrädern ist abzuraten. Die meisten Strecken sind auch mit einem Kinderanhänger zu bewältigen.

Es ist hilfreich, wenn Sie **Karten**, ein Navigationsgerät oder ein Smartphone mit Navigationsapp mitnehmen – vor allem, wenn Sie eine Tour abkürzen wollen oder etwas Unvorhergesehenes passiert. Im Normalfall sollte Ihnen die Wegbeschreibung zuzüglich der Tourenbeschreibung ausreichen, um den Weg zu finden. Mit einem Navigationsgerät tun Sie sich natürlich leichter. Sie können sich dann die Tour auf Ihr Gerät laden und dem Track folgen, ohne die Beschreibung lesen zu müssen. Wenn Sie eine Karte bevorzugen, können Sie auf die Fahrradkarte »München und Umgebung« von Kompass mit einem Maßstab von 1:70 000 zurückgreifen. Sie enthält alle Strecken des Buchs. Selbstver-

ständlich können Sie auch Fahrradkarten des ADFC verwenden. Für die Stadt ist ein Stadtplan von Vorteil.

Die Wege entlang der Würm sind ein Paradies für jeden Radler.

Nehmen Sie in jedem Fall die üblichen Gerätschaften für eine Panne mit. Die häufigste **Panne** besteht in einem platten Reifen, vor allem wenn Sie kein Fahrrad mit »unplattbaren« Mänteln haben. Packen Sie einen Reifenheber, einen passenden neuen Schlauch, ein Multitool für die Schrauben, Flickzeug (für den Notfall) und vor allem auch eine Pumpe ein.

Denken Sie an die richtige **Kleidung**. Es empfiehlt sich, eine Windstopperjacke mitzunehmen, bei unsicherer Wetterlage sollten Regenjacke und eventuell auch Regenhose und Regenschuhe nicht fehlen. Ein warmer Pulli oder ein Fleece und ein zusätzliches T-Shirt, das Sie am Ende der Tour wechseln können, ist ein kleiner Komfort, den man sich gönnen kann. Ansonsten hängt die Kleidung natürlich vom Wetter und den Temperaturen ab. Und wenn es eine Bademöglichkeit gibt, vergessen Sie nicht, Ihre Badesachen und ein Handtuch einzupacken. Eine Brille gegen Fliegen legen wir Ihnen auch ans Herz. Da Sie bestimmt zwischendurch oder am Ende einen Halt einplanen, sollten Sie auch ein Schloss mitnehmen, um ihr Fahrrad entspannt abstellen zu können.

Und nun kann's losgehen.

Viel Freude wünschen Ihnen
Elisabeth Eberth und Manfred Platz

Radlpause am Starnberger See

Touren am Wasser

1

Auf den Spuren des Münchner Trinkwassers

VOM DEUTSCHEN MUSEUM ZUR KREUZSTRASSE

Schwierigkeit Leicht

Weglänge 39 km, 3.30 Std.

Tourencharakter Waldwege und ruhige Landstraßen

Ausgangspunkt Deutsches Museum

Endpunkt S-Bahnhof Kreuzstraße (S2)

Karte Kompass-Fahrradkarten Deutschland Münchens Süden–Starnberger See–Ammersee, FK 3120, 1:70 000; Kompass-Wandern und Rad München und Umgebung WK 184, 1:50 000

Einkehr München: Gasthaus Hinterbrühl, Hinterbrühl 2, Tel. 089/79 44 94, gasthof-hinterbruehl.de; Großhesselohe: Waldwirtschaft, Georg-Kalb-Str. 3, Tel. 089/749 94 03, waldwirtschaft.de; Oberhaching: Kugler Alm, s. Kasten; Kreuzstraße Valley: Bartewirt, Gruber Str. 1, Tel. 08024/77 81, barte-wirt.de; Aying: Ayinger Bräustüberl, Münchener Str. 2, braeustueberl@ayinger.de

Information Stadtwerke München, swm.de/wasser/m-wasserweg; Fremdenverkehrsamt München, Marienplatz/Im Rathaus, Tel. 089/23 39 65 00, muenchen.de

Auf zwei landschaftlich herrlichen Etappen folgen wir der Spur des Münchner Trinkwassers bis zu seinem wichtigsten Quellgebiet in der Mangfallregion. Anfangs entlang der Isar, geht's dann beschaulich durch drei große Waldgebiete zur Kreuzstraße. Unterwegs treffen wir auf Infotafeln zum Thema Trinkwasser und dessen Weg bis in die Münchner Wasserhähne.

Mit insgesamt 20 Stationen und Schautafeln bestückt, startet der Münchner Wasserweg am **Deutschen Museum**. Dies ist zugleich Station 1 unserer Tour, denn das Museum beherbergt eine interessante Wasserabteilung. Dafür muss man sich ein wenig Zeit nehmen – ein Besuch lohnt sich aber.
Auf dem Isar-Radweg geht es nun am Tierpark vorbei. Nach etwa 1,5 Kilometern, gleich neben Münchens ältestem Freibad, dem Schyrenbad, weist ein Schild zum Rosengarten der Baumschule Bischweiler. Ein Blick in diese kleine, ganz eigene Welt

Trinkwasserhochzonenbehälter im Forstenrieder Park

Ein Ort der Ruhe mitten in der Stadt: Der Rosengarten der Städtischen Baumschule Bischweiler

tut allen Sinnen gut: Rund 200 Rosensorten sind hier zu bewundern. Gleich darauf erreichen wir Station 2, die **Marienklausenbrücke**. Das Prinzip zur Gewinnung des umweltfreundlichen Stroms ist einfach und wird hier auf der Tafel erklärt: Das Wasser wird über die Schaufeln der Turbine geleitet, die sich in Bewegung setzt, der mechanische Generator wandelt die Energie der Wasserkraft in Strom um. Eigens hierfür wurde der Isarkanal künstlich erschaffen.

Das Münchner Trinkwasser

Bis 1883 erhielten die Münchner ihr Wasser aus den Hangquellen der Isar – ohne Kanalisation und Müllabfuhr kam es zu Choleraepidemien. Prof. Max von Pettenkofer schlug vor, sauberes Quellwasser aus dem Mangfalltal nach München zu leiten. Die misstrauischen Stadträte ließen zur Sicherheit 100 hl Bier mit dem Wasser brauen, denn Hefe reagiert besonders empfindlich auf toxische Stoffe. Die Probe fiel positiv aus – mit dem Bau der Leitungen wurde begonnen.

Wir überqueren die Brücke hinüber zur Floßlände, radeln auf die **Großhesseloher Brücke** zu und über diese auf die andere Seite. Ist die Beschilderung aus der Stadt hinaus überaus dürftig, kann man sich ab hier auf die grün-schwarzen Schilder »M-Wasserweg« verlassen. Nachdem wir die Flussseite gewechselt haben,

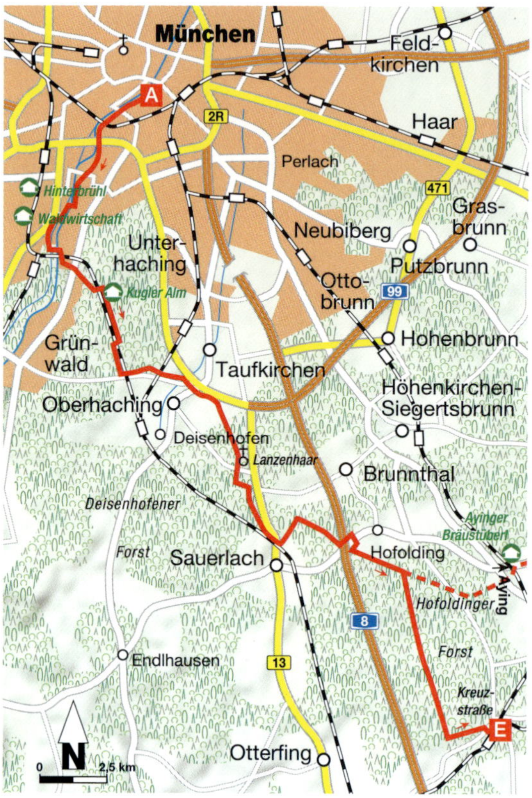

Hier wurde das Radler erfunden: die Kugler Alm

Kugler Alm

Die Gaststätte wurde 1898 vom Deisenhofener Franz Xaver Kugler gepachtet und entwickelte sich schnell zu einem beliebten Ausflugslokal, das vor allem von vielen Radfahrern angesteuert wurde. Als in seiner Blütezeit, an einem sonnigen Tag im Jahr 1922, das Bier zur Neige ging, beschloss der Kuglerwirt, den Hopfensaft mit Limo zu verdünnen – geboren war die Radlermaß (so will es zumindest die Legende).
Kugler Alm, Linienstraße 93, 82041 Oberhaching, Tel. 089/61 39 01 20, kugleralm.de

werden wir in den Perlacher Forst geleitet, und es folgt eine etwa vier Kilometer lange, ruhige Fahrt bis zur **Kugler Alm**.
Hinter der Kugler Alm und der Umzäunung befindet sich Station 3, der unterirdische **Trinkwasserspeicher Deisenhofen**, einer von drei Hochbehältern, der zusammen mit den Speichern in Kreuzpullach und im Forstenrieder Park 95 Prozent des durchschnittlichen Wasser-Tagesbedarfs von München abdeckt. Das Wasser gelangt von der Reisach im Mangfalltal ausschließlich aufgrund des

natürlichen Gefälles, ohne Pumpen und andere technische Hilfsmittel, nach Deisenhofen. Die Tafeln erläutern mit Zeichnungen den genauen Vorgang.
Gut ausgeschildert, radeln wir durch den herrlichen Mischwald des Deisenhofener Forsts an der S-Bahn Furth, der Ober-

hachinger Sportschule und am Maibaum von Oberhaching vorbei, Richtung Naturbad Furth. Der Wald lichtet sich, und wir stoßen auf die **St.-Ulrich-Kapelle**, die erstmals 1315 erwähnt wurde und renovierte Fresken aus verschiedenen Epochen für uns bereithält. Rund um die Kirche wird darauf hingewiesen, dass ein Betreten des Geländes durch Pferde verboten ist. Nachdem man sich erst mal über das Schild wundert, versteht man das Ansinnen beim Weiterfahren, denn auf dem nun folgenden Waldweg kann man schon mal einem flotten Sulky-Fahrer begegnen – wir befinden uns in Lanzenhaar, das berühmt ist für sein Traberleistungszentrum. Sauerlach streifen wir lediglich am nördlichen Rand, müssen kurz an der Hauptstraße entlang-

Blick von der Großhesseloherbrücke auf Isar und künstlich angelegten Isarkanal

fahren und kommen dann in den 27 Quadratkilometer großen **Hofoldinger Forst**, einst das Jagdrevier der bayerischen Herzöge. Wir überqueren die A 8 auf einer Brücke, befinden uns nun auf der Römerstraße und biegen im Forst nach rechts auf den Weg »Hauptgeräumt« (ausgeschildert).

Abstecher nach Aying (7 km)

Bleibt man auf der Römerstraße, überquert die Landstraße und hält sich links auf dem Waldweg »Kronestgeräumt«, erreicht man Aying (S-Bahn-Anschluss), das weltberühmt ist für seine Ayinger Bierbrauerei, den typisch bayerischen Biergarten und das Dorfensemble mit Maibaum und Wirtschaft.

Kerzengerade führt nun der Waldweg durch den Forst. Gleich zu Beginn treffen wir auf Station 5 »Brunnen in der Münchner Schotterebene« und kommen nach weiteren 800 Metern zu Station 6 »Leitungen Hofoldinger Forst«, die auf die unterirdischen rund 30 Kilometer langen und drei Meter im Durchmesser großen Stollenleitungen verweisen, die hier in bis zu 100 Meter Tiefe im Wald verborgen sind.

Bevor wir an der S-Bahn-Station **Kreuzstraße** die Heimreise antreten, ist eine Einkehr beim Bartewirt zu empfehlen. Der Radweg führt direkt am Biergarten vorbei.

Konditionsstarke Radler können den Weg des Münchner Wassers noch bis nach Gmund am Tegernsee verfolgen (zusätzlich 43 km; s. Tour 2).

Rechte Seite: Die Kirche St. Maximilian thront über der Isar und dem Glockenbachviertel.

Das Isarwerk 1, Münchens erstes städtisches Elektrizitätswerk, ist seit 1908 in Betrieb.

2

Das Münchner Trinkwasser – Teil 2

NACH GMUND AM TEGERNSEE

Schwierigkeit Leicht

Weglänge 43 km, 4 Std.

Tourencharakter Waldwege und ruhige Landstraßen

Ausgangspunkt S-Bahnhof Kreuzstraße (S2)

Endpunkt Gmund am Tegernsee (BOB)

Karte Kompass-Fahrradkarten Deutschland Münchens Süden–Starnberger See–Ammersee, FK 3120, 1:70 000; Kompass-Wandern und Rad München und Umgebung WK 184, 1:50 000

Baden Tegernsee

Einkehr Valley: Gräfliches Bräustüberl, Graf-Arco-Str. 28, Tel. 08024/63 16; Waldrestaurant Maxlmühle, s. Kasten; Weyarn: Gotzinger Trommel, Gotzing 1, Tel. 08020/90 47 30, gotzinger-trommel.de; Gmund: Strandbad Seeglas, Seeglas 1, Tel. 08022/761 29, strandbad-seeglas.de; Gut Kaltenbrunn, Kaltenbrunn 1, Tel. 08022/187 07 00, feinkost-kaefer.de/gut.kaltenbrunn, herrliche Aussicht auf den Tegernsee

Information Stadtwerke München, swm.de/wasser/m-wasserweg; Tourist-Information, Wiesseer Str. 11, Gmund am Tegernsee, Tel. 08022/706 03 50, gmund.de

Auf der zweiten Etappe erleben wir das bayerische Voralpenland in seiner schönsten Form: weite Wiesen, verstreut liegende, oft mit Blumen geschmückte stattliche Gehöfte, Kühe und immer wieder herrliche Panoramablicke auf das Gebirge. Die Spur des Münchner Trinkwassers endet am Ursprung der Mangfall, in Gmund am Tegernsee.

Wir radeln vom S-Bahnhof **Kreuzstraße** Richtung Hohendilching. Auch hier können wir uns auf die Ausschilderung »Münchner Wasserweg« verlassen, und eine genaue Wegbeschreibung erübrigt sich an dieser Stelle.

Wir kommen nach **Valley**, wo bereits Kelten und Römer und später die Grafen von Valley ihren Stützpunkt hatten. Sehenswert ist das Alte Schloss, das schon viel erlebt hat; von 1965–1971 wohnte hier der Schriftsteller Michael Ende, der vom Dachspeicher des alten Gemäuers zu seiner »Unendlichen Geschichte« inspiriert wurde. Das Pumpenhaus Valley zählt zu den ältesten industriellen Denkmälern Oberbayerns.

Nach einer idyllischen Fahrt erreichen wir die Station **Maxlmühler Wasserschloss**, das seinen Namen zu Recht trägt: Es ist ein 1903–1906 erbautes hübsches Jugendstilgebäude, das einzig dem Zweck dient, den neuen Verteilungsschacht zu überdachen. Dieser war notwendig geworden, da Ende des 19. Jahrhunderts der Wasserverbrauch auf rund 200 Liter pro Kopf angestiegen war. Grund dafür waren u. a. die vielen Brauereien sowie der Bevölkerungsanstieg in München. Unsere Fahrt führt uns weiter durch das wildromantische **Mangfalltal**. Kurz hinter dem Waldrestaurant Maxlmühle kommen wir zu Station 10; hier wird anschaulich erklärt, wie vor mehr als 10 000 Jahren die Mangfall ihr Bett durch die Moränenhügel grub.

Kurze Zeit später taucht ein **Obelisk** am Uferhang auf – er steht als Symbol für die erste Quelle, die für die Trinkwasserversor-

Das Ziel: Badevergnügen am Tegernsee

gung von München 1880, hier als »Mühlthaler Hangquellen«, gefasst wurde.

Vorbei an der Bruckmühle radeln wir weiter, an der beschaulich dahinplätschernden Mangfall entlang. Nach einer herrlichen Fahrt treffen wir bei Thalham auf ein Kunstwerk des Bildhauers Karl Jakob Schwalbach: »Tränen der Erde«. Der Trinkwasserbrunnen löscht den Durst und veranschaulicht künstlerisch den enormen technischen Aufwand, der hinter diesen Zuleitungen steckt. Weiteres Element der Installation ist eine Bodensonnenuhr, die bei den Besuchern immer großes Interesse weckt. Während einer Führung kann man einen Blick in den **Spiralschacht von Thalham** werfen. Wir überqueren den Bahnübergang und

Maxlmühle

Im Waldrestaurant Maxlmühle soll schon der bayerische Kronprinz Max im Jahr 1837 gespeist und den Blick auf die Mangfall genossen haben. Auch heute noch kann man schön in dem gemütlichen Biergarten verweilen. Eine Spezialität sind die täglich frisch geräucherten Forellen. Waldrestaurant Maxlmühle, Maxlmühle 1, 83626 Valley, Tel. 08020/1772, maxlmuehle.de

Rechte Seite oben: Blumengeschmückter Hof bei Gotzing und ein Blick auf die Karte; unten: Gut geschütztes Trinkwasser im Wasserschloss Reisach

radeln am Betriebshof der SWM Thalham vorbei zur **Hangquellfassung Gotzing**. Da die Münchner Bevölkerung immer mehr anwuchs (innerhalb von 10 Jahren von 25 000 auf 385 000 Einwohner), beschloss man 1894, auch das Quellwasser bei Gotzing zu fassen. Hier lohnt sich ein kurzer Abstecher (1 km) zum **Wasserschloss Reisach**. Auch hier stößt man in idyllischer Umgebung und unerwartet auf einen schönen Rundbau, der wiederum den Zweck hat(te), den Hauptschacht zu überdecken.

Herrschaftliche Höfe zieren das Mangfalltal.

Bergauf nach Gotzing radelnd, verlassen wir vorerst das Mangfalltal. Gleich am Ortsbeginn empfängt uns die schöne spät-

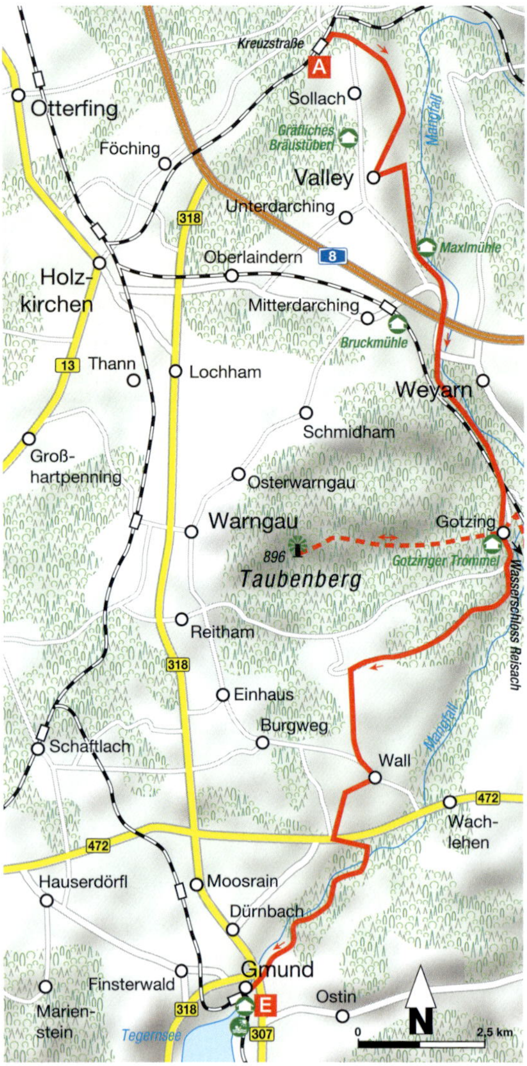

gotische St.-Jakobus-Kirche – im Bernecker Haus, direkt an der Straße, kann man sich den Schlüssel für die Kirche geben lassen. Linker Hand treffen wir auf den urigen Traditionsgasthof Gotzinger Trommel, und vor uns liegt eine märchenhafte Landschaft: Stattliche Gehöfte, weite Wiesenflächen, Felder und alter Baumbestand prägen die sogenannte Haglandschaft (Hage = Hecken und Sträucher). Zum Schutz des wertvollen

Wassers wirtschaften die Bauern hier nach strengen Anbau- und Tierhaltungsrichtlinien – Düngemittel und Pflanzenschutzmittel sind strengstens verboten. Übrigens: Wir befinden uns hier in Deutschlands größtem zusammenhängenden ökologisch bewirtschafteten Gebiet.

Nach **Wall** überqueren wir die B 472 und schieben das Rad an der Parkbucht über den steilen Weg wieder hinab ins Mangfalltal (einzig unklarer Punkt auf der sonst

Tipps für Gmund

- Baden im Tegernsee in den Strandbädern »Seeglas« oder »Kaltenbrunn«
- Schifffahrt auf dem Tegernsee
- Ortsbummel mit Besichtigung des Heimatmuseums neben der Mangfallbrücke und der St.-Ägidius-Kirche

gut beschilderten Tour) und am Fluss entlang zur Büttenpapierfabrik Louisenthal. Hier präsentiert sich 180 Jahre Papierkultur – neben den Produktionsstätten kann man in der Papeterie u. a. edelstes Büttenpapier zu Fabrikpreisen erwerben (Öffnungszeiten unter gmund.com).

Kurz darauf ist **Gmund** erreicht, wo die Mangfall aus dem Tegernsee fließt (und später in Rosenheim im Inn endet).

3

Wasserausflüge in den Münchner Norden

ZUM FERINGA- UND ZUM SPEICHERSEE

Schwierigkeit Leicht

Weglänge 47 km, 4 Std.

Tourencharakter Durch den Englischen Garten, um den Feringa- und den Speichersee auf Radwegen ohne Verkehr

Ausgangs-/Endpunkt München, Haus der Kunst (Prinzregentenstr. 1)

Karte Kompass-Fahrradkarten Deutschland München und Umgebung, FK 3119, 1:70 000; Kompass-Wandern und Rad München und Umgebung WK 184, 1:50 000

Baden Feringasee

Einkehr Chinesischer Turm im Englischen Garten; Seehaus im Englischen Garten, Kleinhesselohe 3, Tel. 089/381 61 30, kuffler-gastronomie.de; Hirschau, Gyßlingstr. 15, Tel. 089/36 09 04 90, hirschau-muenchen.de; Aumeister, Sondermeierstr. 1, Tel. 089/18 93 14 20, aumeister.de

Information Fremdenverkehrsamt München, Marienplatz/Im Rathaus, Tel. 089/23 39 65 00, muenchen.de

Wir durchstreifen den Englischen Garten, radeln am Oberföhringer Wehr und an einladenden Biergärten vorbei, durchfahren die futuristischen Bauten der Fernsehanstalten in Unterföhring und gelangen zum beliebten Feringasee. Nach der Umrundung des Vogelparadieses Ismaninger Speichersee geht's fast ganz ohne Verkehr zurück nach München.

Nachdem wir uns vom Anblick der Eisbachsurfer (direkt neben dem **Haus der Kunst**) losgerissen haben, starten wir an der Brücke und fahren in den Englischen Garten. Wir halten uns an die Ausschilderung »Chinesischer Turm«, später »Kleinhesseloher See« und »Hirschau« und radeln unter dem Isarring hindurch Richtung Aumeister. Wir schwenken nach rechts auf den Isar-

Eisbachsurfer in Warteposition

Radweg und erreichen das riesige **Stauwehr Oberföhring**. Hier wird ein Teil des Isarwassers bis auf eine Tiefe von sechs Metern aufgestaut, dann in den Mittleren Isarkanal abgeleitet und erst bei Moosburg dem Fluss wieder übergeben. Zweck des Ganzen ist die Stromgewinnung in den Kraftwerken entlang des künstlichen Kanals.

Wir kommen zur hölzernen Fachwerkbrücke **St. Emmeram**, auf der wir die Isar überqueren und nun auf dem schottrigen Isar-Radweg zwischen Isar und Kanal weiterradeln. Nach dem Föhringer Ring folgt eine Fußgängerbrücke, über die – etwas unkomfortabel – das Rad getragen werden muss; dann sind wir in der Kanalstraße und folgen nach rechts deren Verlauf.

Wir befinden uns nun in **Unterföhring**. Über die Münchner Straße fahren wir in die Bahnhofstraße, dann geradeaus über den Kreisel und an der S-Bahn-Station vorbei in die Medienallee. Die futuristischen Bauten der großen Fernsehstudios begleiten uns bis zur T-Kreuzung. Wir fahren eine Links-Rechts-Kurve und befinden uns nun auf dem geraden Rad- und Wanderweg, der uns zum **Feringasee** bringt.

Wir umrunden den Feringasee, radeln eine Weile parallel zur Autobahn weiter und treffen auf die Birkenhofstraße, die uns unter der Autobahn hindurch leitet. Wir halten uns rechts und wieder links, bleiben also auf der Birkenhofstraße und rollen zum **Ismaninger Speichersee**. Der 1929 fertiggestellte künstliche See speichert das Wasser des Mittleren Isarkanals und dient neben der Stromgewinnung, der Wasserregulierung der Kraftwerke und dem Hochwasserschutz auch der Nachklärung der Münchner Abwässer. Zudem hat sich der Speichersee im Lauf der Jahre zu einem Vogelparadies mit weit über 250 nachgewiesenen Vogelarten entwickelt, wie z. B. Rotschenkel, Birkhuhn, Uferschnepfe und Kranich. Abertausende von Wasservögeln nutzen den geschützten Raum als Brut- und Rastplatz.

Nach einer Fahrt unterhalb des Teichdamms kommen wir am **Teichgut Birkenhof** vorbei. Hier befand sich bis zum Jahr 2000 die größte Abwasserfischteichanlage Europas. Die Fischteiche mit einem jährlichen Besatz von rund 100 000 Karpfen dienten zur biologischen Nachklärung, d. h. der letzten Stufe der Abwasserreinigung.

Nach dem Birkenhof wird der bisher immer noch kerzengerade Radweg abwechslungsreicher. Man kann zwar noch keinen Blick auf den See werfen, denn Damm und ein kleines Bächlein trennen uns davon, das vor uns liegende Naturschutzgebiet zeigt uns jedoch grüne Schilfgürtel, wilde Blumenwiesen und fruchtbare Felder. An der kleinen Fahrstraße biegen wir nach links ab und radeln hinauf zur **Dammbrücke**. Von hier kann man die gewaltige Ausdehnung des Sees bestaunen und die unzähligen Vogelschwärme (am besten mit dem Fernglas) beobachten.

Am anderen Ufer nehmen wir die Straße An der Dorfen und folgen links der ruhigen Teerstraße. Die Straße Ismaning–

Der Feringasee

Obwohl die Wasserqualität nicht immer ganz den hohen Ansprüchen entspricht, tummeln sich in den warmen Monaten auf ca. 21 ha Liegefläche zahlreiche Badegäste. Ein ausgewiesener FKK-Bereich, Beach-Volleyballplatz, Sandstrände, ein Bereich für Surfer und eine Gaststätte mit Biergarten machen den Baggersee zu einem beliebten Naherholungsgebiet. Entstanden ist er übrigens 1974/76 durch Kiesentnahmen für den Autobahnbau.

Unten: Markt im Englischen Garten

Einsames Radeln durch die Hirschau

Oben: Blick hinab auf das Stauwehr in Oberföhring

Aschheim überqueren wir rechts/links versetzt und radeln am Damm entlang bis zur Autobahnunterführung. Hier fahren wir nach rechts auf die Bauhofstraße, überqueren die große Münchner Straße, radeln am **Unterföhringer See** vorbei und erreichen den Isar-Radweg.

Vor dem Föhringer Ring empfiehlt es sich, nach rechts über die Brücke in die Leinthaler Straße und über die Sondermeierstraße unter dem Föhringer Ring zum **Aumeister** zu radeln, um in der 150-jährigen Traditionsgaststätte zu pausieren.

Quer durch die idyllische **Hirschau**, deren Name auf den einstigen Wildreichtum zurückgeht, radeln wir in südlicher Richtung zurück in die Stadt.

4

Über die Finsinger Alm

VON JOHANNESKIRCHEN NACH MARKT SCHWABEN

Schwierigkeit Mittel

Weglänge 28 km, 2.30 Std.

Tourencharakter Von München weg auf verkehrsarmen Straßen durch Johanneskirchen, danach Schotterwege bis zur Finsinger Alm am Speichersee. Auf ruhigen Straßen nach Markt Schwaben. Nur nach Neufinsing nennenswerte Steigung

Ausgangspunkt Bahnhof München-Johanneskirchen, S-Bahn-Station

Endpunkt Bahnhof Markt Schwaben, S-Bahn-Station

Karte Kompass Fahrradkarte »München und Umgebung« (2021), 1:70 000

Einkehr Finsing/Speichersee: Biergarten Finsinger Alm, Almweg 38, Tel. 08123/988900, finsingeralm.de; Markt Schwaben: La Piazza im Oberbräu, Marktplatz 25, Tel. 08121/2243979, la-piazza-im-oberbraeu.de

Information Rathaus Markt Schwaben, Schloßplatz 2, 85570 Markt Schwaben, Tel. 08121/41 80, markt-schwaben.de

Der Speichersee dient der Wasserregulierung der Kraftwerke am Isarkanal und dem Hochwasserschutz. Baden kann man hier nicht, aber der einzigartige Blick über den See lässt uns bei jedem Wetter neue Eindrücke gewinnen.

Wir starten in der Musenbergstraße an der S-Bahn **Johanneskirchen** und fahren rechts von den Gleisen bis zur Dicken Sophie mit ihrem schönen Biergarten. Hier biegen wir rechts auf die Johanneskirchner Straße ab. Nach kurzer Fahrt sehen wir links die Kirche St. Johann Baptist, die mit einer Ringmauer umgeben ist. Wir folgen dem Straßenverlauf und lassen uns auch von einem Sackgassenschild nicht aufhalten. Die Straße geht mit einem Linksknick in die Apenrader Straße über. Etwas später unterqueren wir eine alte Eisenbahnbrücke. Dahinter fahren wir rechts und kurz danach wieder links in Im Moosgrund. Auf der Straße radeln wir immer geradeaus. Sie wird schließlich zu einem schottrigen Forstweg, der für Autos nicht freigegeben ist.
Dieser führt uns zum **Abfanggraben**, ein künstlich angelegter Wasserlauf, der unter anderem vom Hachinger Bach gespeist wird. Weiter geht es entlang dem Abfanggraben. Links sehen wir einen Golfplatz, passieren eine schöne Baumallee und überqueren eine Straße. Der Weg führt uns weiter entlang des Abfanggrabens.
Von Weitem ist schon deutlich der Lärmschutz der Autobahn zu erkennen. Kurz davor halten wir uns links und unterqueren Autobahnauffahrt und Autobahn in zwei Tunneln. Nach den Tunneln geht es zunächst geradeaus. Nach einiger Zeit nehmen wir dann den nächsten Abzweig nach links. Der Weg ist jetzt wieder geteert.
Wir radeln geradeaus an Feldern vorbei. Am Ende des Wegs fahren wir rechts. Links von uns verläuft ein Bach. Der Weg führt uns schließlich über eine kleine Holzbrücke. Danach gelangen

Majestätische Baumallee beim Aschheimer Golfplatz
Links: Finsinger Alm beim Speichersee

wir wieder auf eine Teerstraße, in die wir links abbiegen. Wir folgen der Straße und fahren auf einer Brücke über den **Speichersee**, der 1929 angelegt wurde. Ein Stopp lohnt sich, schon allein um in Ruhe den herrlichen Blick über den See zu genießen. Außerdem ist der Speichersee ein hervorragender Ort, um Vögel zu beobachten, baden ist allerdings verboten.

Direkt hinter der Brücke befindet sich links von uns eine umzäunte, unzugängliche **BMW-Teststrecke**. Wir verlassen den See und nehmen den zweiten Weg rechts. An der Kreuzung ist die **Finsinger Alm** ausgeschrieben, die wir nach wenigen Metern erreichen. Wer mag, kann hier eine kleine Rast machen.

Wir setzen unseren Weg geradeaus fort. An dessen Ende fahren wir rechts auf eine Straße. Nach wenigen

SCHWEIGER BRAUHAUS

Ein junger Müller entschließt sich 1934, Bier zu brauen. Es wird zum Erfolg. Noch heute betreibt die Schweiger Privatbrauerei ihre eigene Mälzerei. Im Schweiger Brauhaus können wir unsere Tour bei einer guten Mahlzeit und einem Schweigerbier ausklingen lassen.

Schweiger Brauhaus, Ebersberger Straße 26, 85570 Markt Schwaben, Tel. 08121/22 18 15, schweiger-brauhaus.de

Metern befindet sich auf unserer linken Seite der **Finsinger Weiher**, der uns zu einem Sprung ins Wasser einlädt. Kurz nach dem Badesee fahren wir rechts in die Straße Am Bachableiter und folgen dem Straßenverlauf entlang des Viertelbachs. Wir erreichen **Neufinsing**. Nach einer Rechtskurve radeln wir die nächste Straße links (immer noch Am Bachableiter) und dann sofort wieder links über den Mittleren Isarkanal. Rechts sehen wir das **Finsinger Kraftwerk**. Wir folgen dem Straßenverlauf und fahren an der Ampel links und gleich wieder rechts in Richtung Finsing und Markt Schwaben.

Die Speicherseen bei Ismaning sind ein Vogelparadies.

Wir verlassen Neufinsing, erreichen **Finsing**, durchqueren es und lassen es hinter uns. Kurz hinter dem Ortsschild radeln wir links in den **Auweg** und halten uns sofort rechts. Der Weg führt uns Richtung **Unterauerhof**, einer Pferdepension. Kurz vor dem Hof folgen wir dem Wegweiser Richtung Ottenhofen nach rechts. Der bisher geteerte Weg wird wieder zu einer Schotterpiste. Wir hören und sehen mit ziemlicher Sicherheit Autos der nahen Schnellstraße. Nachdem wir den Hof umrundet haben, biegen wir den nächsten Weg nach rechts ab.

Der jetzt wieder kurze Zeit geteerte Weg führt uns bequem auf einer Brücke über die Schnellstraße. Bei der nächsten Wegga-

belung fahren wir anschließend rechts. Wir radeln jetzt immer geradeaus. Der Weg wird wieder zu einem Schotterweg. Das ändert sich erst, wenn wir den Ortseingang von **Markt Schwaben** erreichen. Wir gelangen zur Staudhamer Straße und schließlich zur Hauptstraße, die nach Finsing führt. Hier radeln wir gerade-

Das Wandlhaus am Marktplatz von Markt Schwaben

aus, fahren unter der Bahnbrücke hindurch und einen kleinen Anstieg hoch. An der Ampel biegen wir links in die **Herzog-Ludwig-Straße** ein. Links sehen wir das Rathaus, das alte Schloss von Markt Schwaben. Die Straße führt uns nach rechts. Wer mag, kann am Marktplatz beim Oberbräu einkehren oder seinen Weg zum Wirtshaus des hier ansässigen **Schweigerbräus** weiterradeln, das ebenfalls auf der rechten Straßenseite liegt.
Um zum Bahnhof zu gelangen, radeln wir wieder zurück zur **Herzog-Ludwig-Straße**, fahren allerdings nicht wieder rechts die kleine Anhöhe hinunter, sondern noch geradeaus und dann rechts in den **Postangerweg**, der an der Bahnhofsallee endet. In diese biegen wir links ein und erreichen den Bahnhof.

5

Schwierigkeit Leicht

Weglänge 24 km, 2 Std.

Tourencharakter Vorwiegend verkehrsberuhigte Straßen und Forstwege, teilweise Schotter. Keine nennenswerten Steigungen. Abbruchmöglichkeiten während der Fahrt: bei der Ruderregatta nach Oberschleißheim, beim Karlsfelder See nach Dachau

Ausgangspunkt Moosacher Str., U-Bahn-Station Oberwiesenfeld

Endpunkt Karlsfeld, S-Bahn-Station (Alternative: Oberschleißheim, S-Bahn-Station – unweit Ruderregattaanlage, Gesamtlänge: ca. 13 km)

Karte Kompass Fahrradkarte »München und Umgebung« (2021), 1:70 000

Einkehr Ruderregattaanlage: Munich Beach Resort, Dachauer Str. 35, Tel. 089/3155723, mbr.bayern; Karlsfeld: Ristorante Tonino, Rathausstr. 29, Tel. 08131/93202, restaurant-tonino.de

Information Gemeinde Karlsfeld, Gartenstr. 7, 85757 Karlsfeld, Tel. 08131/990, karlsfeld.de

Ruderer und ein ehemaliges Torflager

SEENRUNDE IM NORDEN

Das Flair der Olympischen Spiele in München kann man an der Ruderregattaanlage bis heute spüren. Das nahe gelegene Schwarzhölzl ist eines der wenigen noch verbliebenen Relikte des östlichen Dachauer Mooses. Das ursprüngliche Niedermoor veränderte durch massiven Torfabbau seine frühere Beschaffenheit.

Unsere heutige Tour beginnt am U-Bahnhof Oberwiesenfeld. Wir starten unsere Tour vor der Firma Knorr-Bremse an der Moosacher Straße und radeln auf dem Radweg entlang der **Moosacher Straße** in Richtung Moosach. Wir passieren das moderne Leonardo Hotel und unterqueren nach einiger Zeit eine ehemalige Bahnbrücke. Direkt dahinter biegen wir rechts auf einen Rad- und Fußweg. Er führt uns an Kleingartenanlagen vorbei. Wir durchqueren abermals zwei Bahnunterführungen.

Wenn wir noch genügend Zeit haben, können wir links einen Abstecher zur **Eggartensiedlung** machen. Diese große Gartensiedlung wird in den nächsten Jahren zu einem neuen Quartier umgestaltet werden.

Ansonsten biegen wir direkt nach der zweiten Unterführung rechts auf einen Feldweg. Wir queren die **Wilhelmine-Reichard-Straße** und kommen schließlich auf einen kleinen Pfad. Nach einer Linkskurve und dem Passieren von zwei Umlaufsperren gelangen wir zum Lerchenauer See.

Da am See das Fahrradfahren verboten ist, schieben wir unsere Räder ein Stück um den **Lerchenauer See**, dabei gehen wir nach rechts. Bei der öffentlichen Toilette laufen wir rechts hoch zur Straße und radeln links in die Franz-Fackler-Straße ein. Wir folgen ihr bis zum Ende, fahren dann ein kurzes Stück rechts und sehen auf der linken Seite einen Fußweg. Dieser führt uns durch einen Bahntunnel auf die andere Seite der Gleise.

Dort radeln wir geradeaus, erreichen den **Fasaneriesee** und halten uns links. Wir kommen zur **Feldmochinger Straße**, fah-

Hübsches Holzhaus auf dem Weg zum Karlsfelder See

ren kurz links und sofort wieder rechts in Am Schnepfenweg. Am Ende der Straße radeln wir nicht in die Sackgasse, sondern rechts in die Pappelallee und genießen die wunderbare Baumallee. Wir folgen dem Rechts-links-Knick der Straße und fahren an der nächsten T-Kreuzung links in die Hammerschmiedstraße. Kurz bevor die Straße nach rechts abbiegt, radeln wir links auf einen schmalen Pfad, der uns bis zum **Feldmochinger See** führt. An der Straße fahren wir rechts. Nach einem kurzen Stück entlang des Sees erreichen wir die Karlsfelder Straße. Hier fahren wir kurz rechts und sofort wieder links in die Sommerweide. Am Ende knickt die Straße nach rechts ab und führt uns immer entlang der Autobahn über die Schwarzhölzlstraße – das Sackgassenschild ignorieren wir – auf einen schmalen Pfad und schließlich über eine kleine Brücke wieder zu einer geteerten Straße, an der wir direkt links abbiegen und die Autobahn unterqueren. Nach einem kleinen Waldstück treffen wir wieder auf eine geteerte Straße, auf der wir uns rechts halten. An der nächsten T-Kreuzung – saftige grüne Wiesen vor uns – fahren wir links und biegen bei der kommenden Gabelung rechts in den Eisenhüttenweg. Wir entfernen uns von der Siedlung und radeln nach einiger Zeit rechts vom Schwebelbach. Bei

SCHWARZHUBERS ABENTEUERLAND

Kinder finden Spaß im Hanflabyrinth oder erfreuen sich an vielen weiteren Spielangeboten wie Rutschen oder die Strohballenpyramide. Im kleinen Bauernladen gibt es Eier, Kartoffeln, Nudeln und weitere regionale Lebensmittel. Zu guter Letzt kann die Tour bei einem kleinen Imbiss und Getränk ausklingen.

Schwarzhubers Abenteuerland, Schwarzhuberweg 1, 80999 München, Tel. 0171/7220411

der nächsten Kreuzung fahren wir dem Radwegweiser folgend links, nach der kleinen Brücke sofort wieder rechts und erreichen den **Regattasee**. Wir radeln kurz den See entlang und nehmen die zweite Abzweigung nach rechts. In der Sommersaison fahren wir an dem Munich Beach Resort vorbei. Wer mag, kann hier bei entspannter Atmosphäre einen Drink genießen. Es lohnt sich auch, kurz nach oben zu fahren und einen Blick auf die **Ruderregattaanlage** zu werfen.

Ansonsten radeln wir geradeaus weiter und über den Parkplatz auf die Zubringerstraße. Auf der linken Seite sehen wir Tennisanlagen. Wir ignorieren die Ausfahrt für die Autos und fahren auch hier geradeaus. Wenn der Weg zu einem Feldweg wird, können wir den **Wegweisern Richtung Karlsfelder See** folgen. Beim nächsten Feldweg biegen wir rechts ab und kommen schließlich zum Schnepfenweg, auf dem wir links fahren. Die Straße biegt nach rechts ab. Wir folgen ihr und radeln jetzt immer geradeaus. Die Straße wird schließlich wieder zu einem Feldweg. Wenn wir den Kalterbach erreichen, knickt der Weg nach links ab. Wir folgen ihm und biegen bei der nächsten Kreuzung nach rechts in das **Schwarzhölzl** ab.

Wir genießen den Duft des Waldes. Auf unserer linken Seite passieren wir noch einen kleinen Hügel. Ein Abstecher auf den Hügel lohnt sich. Er ist übrigens ein Schuttberg, der durch die Aushebungen für die Ruderregattaanlage 1972 entstand. Am besten erklimmen wir ihn kurz zu Fuß. Von oben haben wir eine schöne Aussicht.

Ansonsten fahren wir geradeaus weiter. Der Weg macht einen Rechtsknick und führt uns über eine kleine Brücke, hinter der wir links weiterradeln. Wir folgen dem Bachlauf und überqueren beim Wegweiser den **Moosgraben** nach links. Wir gelangen auf eine Straße und biegen bei der nächsten Kreuzung rechts in den Wiesenweg ein. Die Straße führt uns zur Hauptstraße. Wir überqueren diese und fahren auf einen schmalen Weg, der uns unter der Bajuwarenstraße neben dem Moosgraben zum **Karlsfelder See** bringt.

Wir halten uns zunächst auf dem Weg, der uns um den See führt. Anschließend umrunden wir den Karlsfelder See ein Stück – den See auf unserer linken Seite. Rechts von uns taucht ein weiterer kleiner See auf. In den nächsten geteerten Weg biegen wir nach rechts ab. Der **Waldschwaigsee** ist in diese Richtung ausgeschildert, dieser Beschilderung können wir auch kurzzeitig folgen. Wir passieren den Parkplatz und fahren dahinter links. Nach kurzer Zeit biegen wir rechts auf einen Fuß- und Radweg. Wir überqueren die Hauptstraße und fahren weiter geradeaus. Am Ende führt uns der Weg rechts über eine Brücke. Danach radeln wir sofort links weiter und überqueren die Autobahn.

Nach der **Autobahnbrücke** fahren wir bei nächster Gelegenheit links in den Reschenbachweg. Ab hier verlassen wir die Beschilderung zum Waldschwaigsee.

Der Weg führt kurz entlang an Bahngleisen und biegt dann nach links ab Richtung Autobahn. Nach kurzer Zeit entlang der Autobahn überqueren wir die **Würm** und fahren direkt danach rechts auf einen Feldweg. Der Weg führt uns entlang der Würm nach Karlsfeld. Links von uns kommen wir an einem privaten **Wildgehege** und dem **Eichinger Weiher** vorbei.

Am Ende des Weges gelangen wir zu einem Parkplatz und fahren nach rechts über eine Holzbrücke. Wir radeln geradeaus weiter und biegen dann rechts in die Wehrstaudenstraße. Nach wenigen Metern fahren wir links in einen geteerten Rad- und Fußweg und unterqueren einen Bahntunnel. Hinter dem Parkplatz fahren wir links auf die Bayernwerkstraße. Links vor uns liegt jetzt der S-Bahnhof Karlsfeld. Um zum Abenteuerland zu gelangen, setzen wir unsere Fahrt fort, fahren die übernächste Straße, den Föhrenweg rechts, folgen diesem auch in einer Linkskurve und queren die Birkenstraße. Nach einer Rechtskurve sehen wir nach weiteren 300 Metern rechts von uns das Abenteuerland.

Oben: Im Herbst zieht am Nachmittag bereits der Nebel am Regattasee auf …

… während wir uns im Sommer dort erfrischen können.

Urlaubsfeeling im Munich Beach Resort

Als Zwischenstopp eignet sich das Munich Beach Resort an der Ruderregatta. Auf dem olympischen Boden kann man sich bei einem Getränk seiner Wahl angenehm entspannen. Bei Loungemusik in einem Liegestuhl im Sand zu dösen, lässt Urlaubsgefühle aufkommen.

6

Baggerseen und Kloster

VON UNTERMENZING NACH FÜRSTENFELDBRUCK

Schwierigkeit Schwer

Weglänge 29 km, 2.45 Std.

Tourencharakter Hauptsächlich land- und forstwirtschaftliche Wege. Ab km 20 hinter Eichenau kräftigere Steigungen und 10 km über kleine Wege, im Zweifelsfall Tour in Eichenau beenden. Vorbei an Seen und mit Ausklang im Klosterbiergarten

Ausgangspunkt Untermenzing, S-Bahn-Station

Endpunkt Fürstenfeldbruck, S-Bahn-Station (Alternative: Gröbenzell, S-Bahn, Gesamtlänge: 12 km)

Karte Kompass Fahrradkarte »München und Umgebung« (2021), 1:70 000

Einkehr München, Untermenzing und Obermenzing: Inselmühle, Von-Kahr-Str. 87, Tel. 089/81010, inselmuehle-muenchen.com; Zum Alten Wirt, Dorfstr. 39, Tel. 089/8111590; Gröbenzell: Gaststätte Zillerhof, Am Zillerhof 21, Tel. 08142/540258, zillerhof-groebenzell.de; Fürstenfeldbruck: Vierwasser, Pruggmayrstr. 4, Tel. 08141/2286300, vierwasser.de

Information Infopoint am Rathaus, Hauptstr. 31, 82256 Fürstenfeldbruck, Tel. 08141/2813334, fuerstenfeldbruck.de

Für den Autobahnbau wurde im Westen Münchens Kies abgebaut. Heute laden dort Langwieder See und Lußsee zum Schwimmen ein. Und das Kloster Fürstenfeld? Herzog Ludwig brachte aus Eifersucht seine Frau um – allerdings völlig unberechtigt, wie er kurz danach feststellte. Um der Teilnahme an einem Kreuzzug zu entgehen, ließ er das Kloster zur Sühne bauen.

Wir starten am S-Bahnhof **Untermenzing**. Auf der Westseite verlassen wir den Bahnhof Richtung Ganzenmüllerstraße. Wenn wir den Radlparkplatz sehen, halten wir uns rechts und kommen auf die Ganzenmüllerstraße. Wir fahren die zweite Straße, Bechtolsheimstraße, links. Am Ende biegen wir links in die August-Horch-Straße ein, die eine Rechtskurve macht. Dann fahren wir rechts in die Zwiedineckstraße und die nächste Straße, Karl-Rahner-Straße, wieder links. Auch an dem Kreisverkehr geht es geradeaus. Die Karl-Rahner-Straße wird hier zu einem geteilten Fußgänger- und Radweg. Der Weg macht eine kleine Linkskurve und führt uns auf einer Brücke über die Von-Kahr-Straße. Wir fahren weiter auf dem Weg, der jetzt Inselmühlweg heißt.
Kurz bevor wir auf eine Autostraße, Mergenthalerstraße, kommen, biegen wir rechts auf einen kleinen Fuß- und Radweg ab. Wir überqueren die **Würm** auf einer Holzbrücke und biegen sofort danach links auf den Würmtal-Radweg.
Wir fahren entlang der Würm, verlassen die Grünfläche und radeln dann links zwischen Würm und Häusern auf dem Widweg weiter.
In **Obermenzing** biegen wir bei nächster Gelegenheit rechts in die Dorfstraße und an der nächsten Kreuzung abermals rechts auf die stark befahrene Pippinger Straße. Bei der Pippinger Straße biegen wir sofort halblinks in die **Lochhausener Straße** ein. Beachten Sie, dass der Radweg an der Lochhausener Straße links von der Straße verläuft. Wir folgen der Lochhausener

Schattenspendende mächtige Baumallee zwischen Gröbenzell und Eichenau

Straße, überqueren die große Mühlangerstraße, die über die Autobahn führt, passieren den Campingplatz Obermenzing auf unserer linken Seite und biegen danach bei nächster Gelegenheit rechts in die Goteboldstraße ein. Nach einiger Zeit sehen wir links einen Geländeparcours.

Wir unterqueren die Autobahn, passieren links die **Brückerlbühne Langwied**, überqueren den Langwieder Bach und halten uns geradeaus Richtung Langwieder See.

Wir fahren zwischen **Lußsee** und **Langwieder See** dahin. Beide Seen sind Teil eines abwechslungsreichen Freizeit- und Badeparadieses im Nordwesten von München. Es gibt verschiedene Freizeitmöglichkeiten: Neben einem erfrischenden Sprung ins Nasse können wir uns auch im Beachvolleyball versuchen. Wenn wir Durst verspüren, dann fahren wir nach dem See links und kommen zum Biergarten des Hotels Langwieder See. Ansonsten setzen wir am Ende des Sees unsere

KLOSTERSTÜBERL

Das Klosterstüberl besticht durch sein urig bayerisches Ambiente. An warmen Tagen können Sie auch den bewirtschafteten Außenbereich nutzen. Für die Speisen werden hauptsächlich regionale Produkte verwendet.

Klosterstüberl, Fürstenfeld 7c, 82256 Fürstenfeldbruck, Tel. 08141/ 52 68 19, klosterstueberl.de

Fahrt geradeaus auf dem Radweg fort, der sich links von der Autostraße befindet, und biegen dann links auf die Eschenrieder Straße ein. Wir überqueren die Autobahn und radeln bei nächster Gelegenheit rechts in die Birkenrieder Straße.
Ein kurzes Stück führt entlang der Autobahn. Die Straße geht über in den Erlbachwiesenweg. Nach einer Links-Rechts-Links-Kurve fahren wir entlang des **Erlbachs**, der rechts von uns verläuft. Wir biegen bei der dritten Brücke rechts in einen Privatweg ein und fahren diesen bis zum Ende. Dann biegen wir rechts ab und sofort wieder links, queren auf einem schmalen Pfad eine Wiese und kommen schließlich auf einen breiteren Feldweg. Wenn wir die Straße Am Zillerhof erreichen, fahren wir links und gelangen nach **Gröbenzell**. Beim Spechtweg biegen wir rechts ab. An der Abbiegestelle steht ein Schild zum **Biergarten Wildmoos**, an dem wir uns orientieren können.
Rechts sehen wir bunte Kindergartenhäuser und biegen beim Zebrastreifen links in den Rad- und Fußweg ein. Nach den Autoparkplätzen fahren wir rechts. Links liegt der Biergarten Wildmoos, bei dem wir auch unseren Durst stillen können. Wir radeln links daran vorbei und folgen dem Weg bis zur Von-Koch-Straße. Hier fahren wir links und radeln nach kurzer Zeit an Bahngleisen entlang. Wir überqueren auf einer Brücke eine Hauptstraße und fahren auf den Sonnenweg. Links radeln wir weiter entlang der Gleise, bis wir schließlich unter einer hohen Brücke durchkommen. Direkt nach der Brücke geht ein kleiner Pfad rechts hoch. Am besten schieben wir hier unser Rad. Der

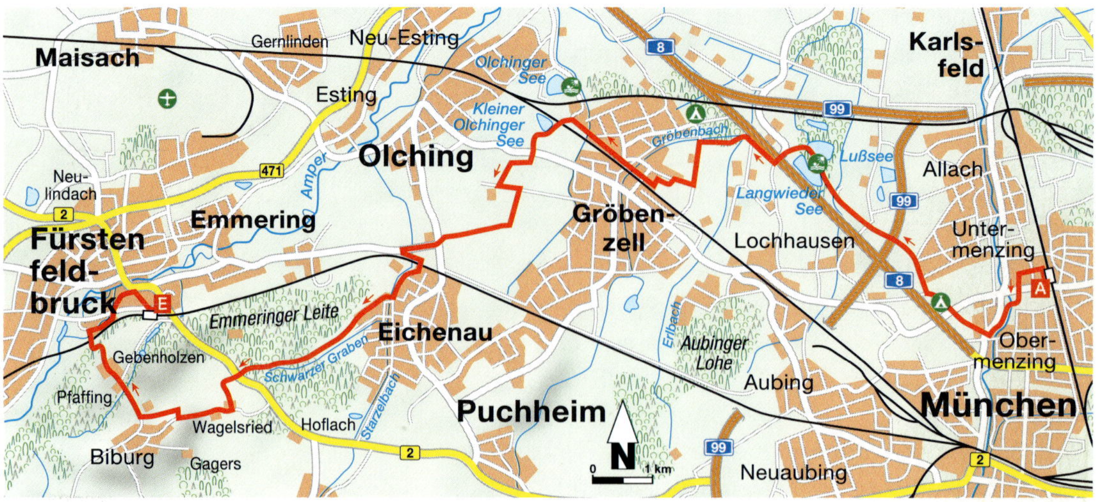

Weg wendet sich und wir überqueren schließlich die Brücke. Aufgrund der Bodenbeschaffenheit empfiehlt es sich, das Rad auch über die Brücke zu schieben. Kurz nach der Überquerung führt uns rechts ein steiler Pfad nach unten. Unten fahren wir auf der August-Exter-Straße sofort links weiter.

Wir gelangen zum **Kleinen Olchinger See**, der durch seine Ursprünglichkeit besticht und zum Baden einlädt. Am Ende erreichen wir ein T-Kreuz. Hier halten wir uns links, biegen bei der nächsten Gelegenheit rechts auf eine große Landstraße und fahren auf dem Radweg ein kurzes Stück rechts. Den nächsten Weg, Rauschweg, biegen wir links und nach kurzer Zeit den nächsten wieder rechts ein. Der Weg macht eine Linkskurve und führt uns zu einem Gutshof. Dort radeln wir links durch eine hübsche Baumallee und biegen dann wieder rechts in den Rauschweg ein.

Bei der nächsten Kreuzung fahren wir rechts und gelangen auf dem Feldweg zu einem Kreisverkehr. Dort radeln wir geradeaus in die Roggensteiner Straße. Unser Radweg verläuft links von der Straße. Links sehen wir den S-Bahnhof **Eichenau**. Wir überqueren den **Starzelbach** und biegen bei nächster Gelegenheit links ab. Der Weg führt uns durch einen Tunnel auf die andere Seite der Gleise. Direkt hinter dem Tunnel biegen wir links auf den Ostpreußenweg, einen Fuß- und Radweg entlang der Gleise. Wir queren erneut den Starzelbach und fahren den nächsten Weg rechts. Bei der nächsten Wegkreuzung biegen wir abermals rechts in den Donauschwabenweg. Wir gelangen zur

Böhmerweiher in der Nähe von Gröbenzell

Roggensteiner Allee. Bei der nächsten Brücke fahren wir rechts und queren den Starzelbach erneut. Direkt nach der Brücke biegen wir sofort links. Wir fahren entlang des Starzelbachs bis zur Moosstraße, in die wir rechts einbiegen. Die Moosstraße führt uns direkt auf einen etwas holprigen Feldweg.
Nach kurzer Zeit sehen wir rechts und links Felder. Wir durchqueren einen Wald. Der Weg steigt langsam an. Wir verlassen den Wald und sehen eine Bundesstraße. Noch vor der Bundesstraße biegen wir bei nächster Gelegenheit leicht links ab. Wir überqueren die B 2 vorsichtig und radeln weiter geradeaus auf dem Feldweg. Bei nächster Gelegenheit fahren wir links auf einen Feldweg. Dieser steigt etwas an und führt uns zu der kleinen Siedlung **Wagelsried**. Bei der nächsten querenden geteerten Straße fahren wir rechts. Wir durchqueren die Siedlung und nähern uns Biburg.
Noch vor dem Ortsschild von **Biburg** biegen wir rechts auf einen Weg ab. Er führt uns zu einem Jesuskreuz mit einer Holzbank davor. Hier müssen wir nach links. Dann biegen wir rechts auf die Straße, die wir erreichen. Jetzt geht es erst einmal bergabwärts. Aber wir fahren nicht zu schnell. Wenn die Hauptstraße vor **Gelbenholzen-Pfaffing**, dem nächsten Ort, nach rechts führt, fahren wir mehr oder weniger geradeaus in die kleine Ortschaft. Der Weg steigt hier wieder etwas an. Das ist unsere letzte Steigung für heute. Aber schließlich geht es wieder bergab und wir lassen

Russenbrücke

Wenn wir von der Wiese auf die Straße Am Zillerhof gelangen, machen wir einen kurzen Abstecher nach rechts und gelangen beim Gröbenbach zur Russenbrücke. Sie wurde von russischen und französischen Kriegsgefangenen des Ersten Weltkriegs aus dem Lager in Puchheim 1916 zur Begradigung des Gröbenbachs gebaut. Der noch erhaltene Bogen ist reich mit Jugendstilformen dekoriert und steht heute unter Denkmalschutz.

unser Rad kontrolliert den **Engelsberg** bergab laufen. Unten halten wir uns rechts, unterqueren einen Bahntunnel und erreichen **Fürstenfeldbruck**.
Nach dem Tunnel überqueren wir einen Arm der **Amper** und sehen schon das **Kloster Fürstenfeld**. Wenn die Straße nach links führt, fahren wir rechts zum Kloster. Hier haben wir uns eine Rast verdient und können beim **Klosterbiergarten** einkehren. Eine weitere Möglichkeit ist auch das **Fürstenfelder**. Wenn wir

durch das offene Tor in den Innenhof des Klosters fahren, sehen wir schon das einladende Restaurant mit Biergarten auf der linken Seite.
Für den Weg zur S-Bahn durchqueren wir den Innenhof und verlassen diesen wieder durch ein offenes Tor. Danach folgen wir dem Fuß- und Radweg entlang der Mauern. Dieser führt uns nach links und wir gelangen zu einer Hauptstraße, Oskar-von-Miller-Straße. Wir überqueren die Straße bei einem Zebrastreifen und fahren im Park, wobei wir uns rechts halten. Am Ende biegen wir rechts ab, gelangen auf eine geteerte Straße, überqueren die nächste Kreuzung mehr oder weniger geradeaus und gelangen in die Luitpoldstraße, eine Einbahnstraße. An deren Ende biegen wir rechts ab in den Stockmeierweg und kommen schließlich beim **S-Bahnhof Fürstenfeldbruck** an.

Die ehemalige Zisterzienserabtei Fürstenfeld in Fürstenfeldbruck

Links: Pause am Olchinger See

7 Zum kleinsten See im Fünfseenland

VON PASING ZUM WESSLINGER SEE

Schwierigkeit Mittel

Weglänge 26 km, 2.45 Std.

Tourencharakter Auf überwiegend land- und forstwirtschaftlichen Wegen abseits von Straßen, größere Steigung im Waldgebiet nach Germering, ansonsten relativ flach, teilweise geschotterte Wege, vor Gilching mit schönem Blick. Letzte Strecke nach Gilching und Weßling durch unbewohntes Gebiet und teilweise Wald. Abbruchmöglichkeit in Germering oder eventuell auch Gilching

Ausgangspunkt Pasing, S-Bahn-Station

Endpunkt Weßling, S-Bahn-Station (Alternative: Germering, S-Bahn-Station, Gesamtlänge: ca. 11 km)

Karte Kompass Fahrradkarte »München und Umgebung« (2021), 1:70 000

Einkehr Freiham: Freihamer Wirtshaus, Freihamer Allee 21, Tel. 089/89746991, http://freihamer-wirtshaus.de; Germering: Schusterhäusl, Schusterhäusl 1, Tel. 089/ 32 49 18 20, http://schusterhaeusl.de

Information Gemeinde Weßling, Gautinger Str. 17, 82234 Weßling, Tel. 08153/40 40, gemeinde-wessling.de

Einen neu gestalteten, verkehrsberuhigten Pasinger Bahnhof mit dem renovierten Bürklein-Bahnhofsgebäude und Pumpenwerk, eine Villenkolonie, das alte Bahnausbesserungswerk Freiham und das Neubaugebiet in Freiham sehen wir auf unserem Weg aus der Stadt. Beschaulicher wird der Weg danach, die Strecke zum Weßlinger See.

Pasing mit seinem eigenen Zentrum ist unser heutiger Ausgangspunkt. Wir starten am Nordausgang des Bahnhofs am Hellihofweg und fahren links die Gleise Richtung **Würm**. Dabei kommen wir an der Kulturinstitution **Pasinger Fabrik** vorbei. Wir halten uns auf dem geteilten Fuß- und Radweg, biegen links auf den Radweg in Richtung Starnberg ein und radeln an der Würm abermals links.

Nach der Unterführung biegen wir beim **Pumpenwerk** rechts in die Kaflerstraße ein, überqueren die Würm und biegen sofort wieder links in die Ernsbergerstraße. Nach kurzer Zeit nehmen wir links den Radweg nach Starnberg. Der Weg führt uns kurzzeitig an der Würm entlang. Wir unterqueren die B 2 und fahren dann rechts auf die Institutstraße. An deren Ende geht es links in die Hillernstraße, dann sofort wieder rechts in den Steinerweg. Wir überqueren die Maria-Eich-Straße und setzen unseren Weg geradeaus auf der Neufeldstraße fort.

Wir biegen die dritte Straße, Betschartstraße, links, bei der nächsten kreuzenden Vorfahrtstraße, Paosostraße, rechts und die nächste sofort wieder links ab. Rechts sehen wir **St. Hildegard**, eine der schönsten sakralen Nachkriegsbauten Münchens. Wir schieben unser Fahrrad zur Kirche, genießen kurz die Architektur und setzen unseren Weg links von der Kirche auf einem kleinen Fußweg fort.

An der folgenden Straße fahren wir links, danach sofort wieder rechts, überqueren die Maria-Eich-Straße und biegen die nächste

Ruderboote warten auf Gäste am Weßlinger See.

Straße Am Stadtpark gleich wieder rechts ab. Auf der folgenden Straße kann man mehrere denkmalgeschützte Gebäude bewundern. In die Dachstraße biegen wir rechts ab. Dieser folgen wir bis zum Ende und biegen dann links in die Paosostraße ein. Wir unterqueren eine Bahnunterführung.

Am Ortsschild **Gräfelfing** radeln wir rechts auf einem Fuß- und Radweg weiter. Wir lassen uns auch von einem Sackgassenschild nicht schrecken. Der Radweg geht in eine Straße über, der wir bis zum Ende folgen. Dann biegen wir rechts in die viel befahrene Brunhamstraße und gleich wieder links in die Köferinger Straße ein. Dieser folgen wir bis zum Ende, biegen dann rechts ab und radeln auf der Kravogelstraße bis zum **S-Bahnhof München-Neuaubing**.

Hier fahren wir links auf der Papinstraße. Wir sehen alte Backsteinbauten der hier vormals existierenden Bahnsiedlung. Die Straße führt uns nach links. Bei der Centa-Hafenbrädl-Straße radeln wir rechts weiter. Wir fahren entspannt geradeaus, überqueren dabei die Hans-Steinkohl-Straße und steuern auf eine Baumallee zu. Am Ende der Straße biegen wir rechts ab. Wir sehen rechts das **Gut Freiham** mit seinem Schloss, das mittlerweile im Besitz der

PIET'Z RESTAURANT

Das kleine Restaurant bietet gutes Essen unweit vom See und ist immer einen Besuch wert.

Piet'z Restaurant, Hauptstraße 52, 82234 Weßling, Tel. 08153/899 21 16, pietz-restaurant.com

Edith-Haberland-Wagner-Stiftung des Augustinerbräus ist. Wer durstig ist, findet ein kleines Stückchen die Straße hinunter auf der rechten Seite das **Freihamer Wirtshaus** mit idyllischem Biergarten.

Andernfalls fahren wir den nächsten Schotterweg nach links **Richtung Gnadenhof Gut Streiflach**, überqueren die Autobahn und biegen direkt danach rechts ab. Der Weg führt kurz entlang der Autobahn und dann links nach **Germering**. Wir gelangen auf eine Straße, die wir immer geradeaus fahren. An deren Ende am Rande von Germering fahren wir rechts, unterqueren die Bahn und fahren am Straßenende links auf der Salzstraße weiter. An deren Ende biegen wir rechts auf die Allinger Straße. Wir überqueren die Nebeler Straße, rechts und links von Feldern flankiert gelangen wir schließlich zum **Germeringer See**, der landschaftlich schön am Fuß des Parsbergs liegt. Wer möchte, kann sich hier erfrischen oder sich eine Pause in dem kleinen Biergarten am See genehmigen.

Ansonsten setzen wir unseren Weg kurz vor dem Parkplatz nach links entlang des Waldrandes fort und kommen an einer Schranke vorbei auf einen Forstweg. Auf diesem radeln wir geradeaus durch Felder und Wiesen. Der Weg wandelt sich zu einem Pfad. Wir gelangen dann wieder auf einen breiteren Feldweg, dem wir nach links folgen, und erreichen die Hauptstraße. Wir überqueren diese und setzen unseren Weg auf der gegenüberliegenden Seite auf einem Schotterweg fort. Schließlich

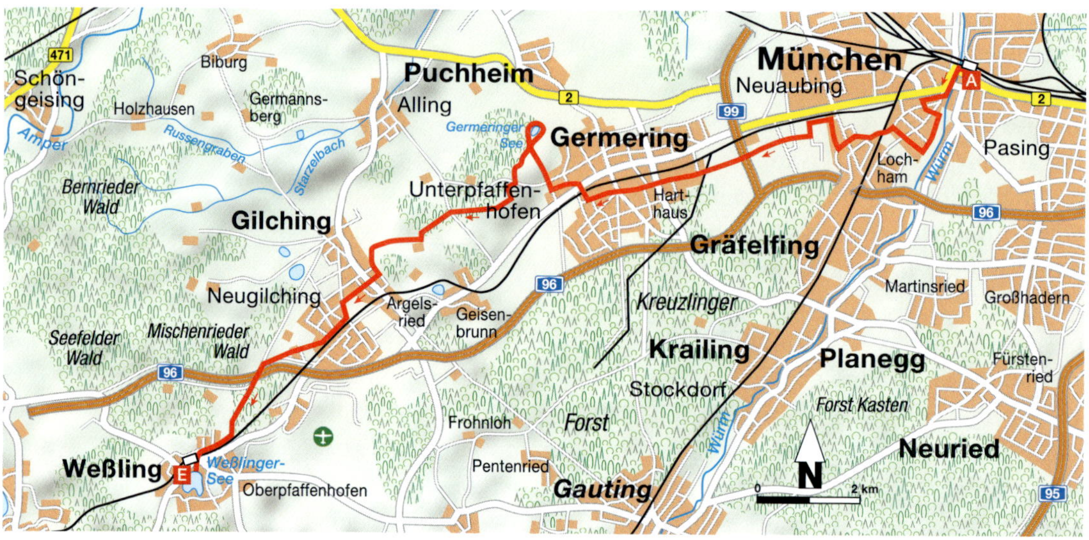

gelangen wir auf eine geteerte Straße, an der wir rechts weiterradeln. Nach kurzer Strecke fahren wir halbrechts wieder auf einen Schotterweg. Der Weg beginnt kurz vor dem Wald etwas anzusteigen. Wir überqueren eine geteerte Straße. Unser Weg ist nur kurz geteert, wird wieder zu einem Schotterweg und steigt im Wald erneut etwas an.

Am Ufer des Weßlinger Sees

Wir verlassen den Wald und fahren vor einem Gutshof den nächsten Schotterweg nach rechts. Von hier haben wir einen schönen Blick nach Gilching. Wir radeln leicht bergab und erreichen das Ortsschild von **Gilching**. Die Straße ist jetzt wieder geteert. Sobald wir zu einer Kreuzung kommen, fahren wir scharf links auf einen Feldweg, bei dem auch Fahrräder zugelassen sind.

Der Weg führt uns auf eine Straße. Wenn wir rechts ein großes Gebäude sehen, die Gemeindeverwaltung von Gilching, biegen wir rechts in die Rathausstraße ein. Auf der linken Seite liegen Felder. Dahinter biegen wir sofort links in den Starnberger Weg ein. Vor den Bahngleisen fahren wir rechts in die Sonnenstraße. Wir folgen der Straße und kommen bei einem leichten Rechtsknick auf die St.-Gilgener-Straße. Wir durchqueren **St. Gilgen** und biegen am Ende der Straße bei einer Kiesgrube links auf die Weßlinger Straße. Nach kurzer Zeit unterqueren wir die Autobahn und fahren kurz danach hinter einer Rechtskurve links auf einen Land- und Forstweg. Dieser wird auch bald zu einem Schotterweg.

Badespaß am Germeringer und Weßlinger See

Badefreunde kommen bei dieser Tour auf ihre Kosten. Neben dem Germeringer See lädt auch der Weßlinger See am Ende der Tour zu einem Sprung ins kühle Nass ein. Schwimmkleidung nicht vergessen!

Wir erreichen **Weßling** und kommen wieder auf eine geteerte Straße. Nach einiger Zeit steigt die Straße an, um dann erneut etwas abwärts zu führen. Wir sehen bei der Straße An der Grundbreite einen Tunnel, durch den wir unter den Bahngleisen radeln. Auf der Hauptstraße fahren wir rechts und die nächste wieder links zum Hotel Seehof. Nach wenigen Metern gelangen wir zum **Weßlinger See**, dem kleinsten See im Fünfseenland. Er liegt eingebettet zwischen Schilf und Bäumen mitten in der Ortschaft Weßling und lädt zum Baden ein.

8

Durch das eindrucksvolle Würmtal

VON PASING NACH STARNBERG

Schwierigkeit Mittel

Weglänge 26 km, 2.30 Std.

Tourencharakter Auf dem Würmtalradweg über Ortschaften, ab Gauting auf Forstwegen, größere Steigung vor Querung Bundesstraße, am besten schieben. Letzte 13 km durch Wald. Einzigartige Naturlandschaften an der Würm und im Leutstettener Moos

Ausgangspunkt Bahnhof Pasing

Endpunkt Starnberg, S-Bahn-Station (Alternative: Gauting, S-Bahn-Station, Gesamtlänge: ca. 13 km)

Karte Kompass Fahrradkarte »München und Umgebung« (2021), 1:70 000

Einkehr Gräfelfing: Waldheim, Geigerstr. 33, Mo Ruhetag, Tel. 089/851914, ehv-muenchen.de; Starnberg, Leutstetten: Schlossgaststätte Leutstetten, Altostr. 11, Öffnungszeiten erfragen, Tel. 08151/81 56, hs-gaststaetten.de; Wirtshaus im Tutzinger Hof, Tutzinger-Hof-Platz 7, Tel. 08151/97 18875, wirtshaus-starnberg.de

Information TouristenInformation Starnberg, Wittelsbacherstr. 2c, 82319 Starnberg, Tel. 08151/906 00, sta5.de

Das Würmtal bietet viele Reize: Wasserpflanzen umgarnen die klare Würm, alte Wassermühlen säumen den Weg. In Planegg können wir Karl Valentin gedenken, der mit seinem Sprachwitz auch heute noch besticht. Das Leutstettener Moos rundet diese Tour ab.

Wir verlassen den **Pasinger Bahnhof** zum Haupteingang am Pasinger Bahnhofsplatz. Links sehen wir noch ein altes Bahnhofsgebäude, das in den letzten Jahren renoviert wurde und jetzt das Bistro ALEX beherbergt. Das Gebäude wurde unter Leitung des Bahnhofsarchitekten Friedrich Bürklein errichtet. Bürklein zeichnet sich auch für den Bau des Maximilianeum und die Backsteinbauten an der Maximilianstraße verantwortlich.

Wir starten unseren Weg nach rechts auf der Kaflerstraße und passieren auf der rechten Seite das alte **Pumpenwerk**, das ebenfalls renoviert wurde. Heute wird es als Restaurant genutzt.

Wir überqueren die Würm und biegen danach links in die Emsbergerstraße ein. Wir können uns auf dem Weg an den **Fahrradschildern** orientieren, die uns den Weg nach **Starnberg** weisen. Links von uns sehen wir eine Grünanlage. Fast an deren Ende biegen wir auf einem breiten Weg links in den Park ein und setzen unseren Weg entlang der Würm fort. An der Kapelle halten wir uns rechts und unterqueren die Bodenseestraße. Wir erreichen die Institutstraße, in die wir links einbiegen.

Wir überqueren abermals die Würm und biegen beim Fußgängerüberweg rechts in den Rad- und Fußweg durch den **Pasinger Stadtpark** ein. Wir folgen dem zunächst geteerten Weg. Rechts fließt die Würm. Links hinter einem Holzzaun sehen wir den **Pasinger Schlossweiher**.

Hier auf der Insel stand einst das Pasinger Schloss. In den ersten Dekaden des 19. Jahrhunderts konnten Millionen von Blutegel aus dem Neusiedlersee in Ungarn hier auf ihrer Passage nach Paris »auftanken«. Blutegel waren sehr begehrt (s. auch Tour 34)

Ein Relikt der Vergangenheit: Wasserrad einer ehemaligen Mühle in der Würm in Gräfelfing

und der Schlossweiher war einer der größten Blutegelumschlagplätze Europas.

Wir radeln allerdings geradeaus entlang der **Würm** weiter. Wenn wir vor uns wieder Häuser sehen, radeln wir rechts über eine Brücke. Wir erreichen erneut die Würm. Die Würm, die aus dem Starnberger See fließt, war im herzöglichen und kurfürstlichen München sehr bedeutend. Sie versorgt noch heute den Nymphenburger Schlosspark und den Olympiapark mit Wasser.

Unser Weg führt uns abermals über eine kleine Brücke. Wenn wir rechts von uns Wiesen sehen, biegen wir auf dem Rad- und Fußweg rechts ab und fahren am Waldrand entlang. Bei der nächsten Kreuzung biegen wir links auf einen breiten Weg. Wir radeln ein gutes Stück geradeaus und halten uns auf dem Radweg der Würm entlang, die jetzt links von uns fließt. Abermals fahren wir über eine kleine Brücke und biegen danach sofort links ab. Die Würm befindet sich immer noch links.

MIT DEM SCHIFF ZUM BIERGARTEN

Wer rechtzeitig in Starnberg ankommt und sich noch etwas besonderes gönnen möchte, kann mit dem Schiff nach Tutzing fahren und die Tour dort im Biergarten Tutzing mit herrlichem Seeblick ausklingen lassen.

An der Endhaltestelle Tutzing ist der Zustieg mit Rad in die S-Bahn angenehmer als an einer Zwischenstation.

Biergarten Tutzing, Midgardstraße 5, 82327 Tutzing, Tel. 08158/1216

Schließlich steigt der Weg leicht an. An der nächsten Kreuzung halten wir uns leicht links und überqueren die Lindauer Autobahn auf einer Brücke. Die Brücke hinter uns lassend radeln wir sofort links.

Wir passieren das Lokal **Lochhamer's El Diablo** und überqueren die Lochhamer Straße. **Gräfelfing** war und ist Anziehungspunkt für Prominente. Unter anderem lebten hier der Komponist Carl Orff, der Schauspieler Horst Tappert oder auch Professor Kurt Huber, der sich für das letzte Flugblatt der Weißen Rose verantwortlich zeichnete und 1943 hingerichtet wurde.

Rechts sehen wir eine kleine Kirche, links ein altes Mühlrad, von denen es einst an der Würm sehr viele gab. An der nächsten Stra-

ßenkreuzung biegen wir links in die Würmstraße ein. Wir sehen am Ende der Straße einen Maibaum und biegen kurz davor links auf den Fuß- und Radweg ab. Die Bahnhofstraße überqueren wir, lassen uns auch von dem Sackgassenschild nicht abschrecken und fahren geradeaus auf der Stefanusstraße weiter. Die Straße führt uns direkt auf einen Radweg. Dieser mündet wieder in die Stefanusstraße ein. Am Ende der Straße biegen wir dann links auf die Steinkirchner Straße ab.

Wir verlassen Gräfelfing und erreichen nur wenige Meter später **Planegg**. Auch Planegg hat seine Prominenten. Karl Valentin zog am Ende seiner Karriere nach Planegg, ist hier gestorben und wurde auf

dem Planegger Friedhof begraben. Kurt Landauer ist ein Kind von Planegg. Er führte den FC Bayern als Präsident zu seiner ersten glorreichen Zeit.
Wir erreichen eine große Kreuzung. An der Ampel fahren wir links und die nächste Straße, Bräuhausstraße, sofort wieder rechts. Auf der linken Seite passieren wir das **Planegger Bräustüberl**. Wenn wir dahinter links über die Würm fahren und wieder links in die Pasinger Straße biegen, finden wir den Eingang des **Planegger Wellenbads**. An der Würm befanden sich 30 Badeanstalten. Die meisten von ihnen existieren nicht mehr oder nur noch als Relikte. Das Planegger Würmbad erfreut sich allerdings nach wie vor großer Beliebtheit. Wir überqueren die

Schlossgaststätte Leutstetten

Links: Wildromantische Würm in der Nähe von Leutstetten

Bahnhofstraße und setzen unseren Weg kurz auf der Bräuhausstraße fort. Auf der linken Seite sehen wir das **Schloss Planegg**, das früher zu den Wasserschlössern zählte und daher von einem Wassergraben umgeben ist. Es ist heute in Privatbesitz. Schloss und Schlosspark sind allerdings nicht öffentlich zugänglich. Die Bräuhausstraße geht in die Margaretenstraße über. Nahezu übergangslos verlassen wir Planegg und gelangen nach **Krailling**.
Der Volksschauspieler Gustl Bayrhammer verstarb hier und wurde hier beerdigt. Wir radeln weiter geradeaus, passieren den **Gasthof Alter Wirt** und folgen weiter der Margaretenstraße. Nun fahren wir an der Kraillinger Brauerei vorbei und biegen direkt hinter ihr in den Mitterweg ab. Schließlich verlassen wir Krailling und gelangen nach **Stockdorf**.

Dort überqueren wir die Bahnstraße und fahren weiter geradeaus auf der Zugspitzstraße. Wir folgen der Straße auch in einem Rechtsknick, sehen schon eine Kirchturmspitze und biegen links in die nächste Straße, Waldstraße, ein. Wir passieren die Kirche. Die Straße führt uns auf einen Waldweg. Bei der nächsten Wald-

Die Reste des römischen Gutshofs Villa Rustica bei Leutstetten erreichen wir kurz vor Starnberg.

Rechts: Pasinger Bahnhofsplatz

kreuzung biegen wir links ab. Ein Radschild weist uns auch den Weg. Sobald die ersten Häuser links auftauchen, biegen wir in einen geteerten Weg nach rechts ab, der uns auf einen Fuß- und Radweg führt. Wir verlassen Stockdorf.

Der Weg führt uns direkt nach **Gauting**. In Gauting lebte eine Zeit lang der Humorist Bernhard-Viktor Christoph-Carl von Bülow, besser bekannt als Loriot. Wir radeln eine gute Strecke geradeaus. Ein kleiner Radwegweiser zeigt uns den Weiterweg nach links an. Hier biegen wir links in die Sackgasse Am Würmufer. Wir kommen zu einem Wendeplatz, fahren in einen kleinen Rad- und Fußweg rechts und sehen links von uns die Würm fließen. Vor dem ersten Haus, das auf der linken Seite auftaucht, schieben wir unser Rad auf den Fußweg. Wir kommen an dem alten Mühlrad am Lederersteg vorbei. Die Mühle war Teil eines 1878 erbauten Triebwerks einer Papiermühle. Sie erinnert uns an die vielen Mühlen, die es hier früher im Würmtal gab. Wir schieben unser Rad auf der Holzbrücke über die Würm. Hinter der Brücke steigen wir wieder auf und biegen in die nächste Straße, den Pfarrweg, rechts ab. Wir umrunden die Kirche und erreichen die Hauptstraße. Dann biegen wir links auf die Hauptstraße und fahren bei der nächsten Straße, einer Sackgasse, die Leutstettener Straße, wieder rechts. Die Straße führt uns aus Gauting heraus.

Schließlich erreichen wir einen Wald und radeln nach einiger Zeit im **Würmtal** wieder entlang der Würm. Wir folgen dem Flusslauf und genießen die an dieser Stelle wilde Würm. Unser Weg steigt einmal etwas stärker an. Der Hang ist mit Holzstreben gesichert, weswegen wir hier besser absteigen und das Rad kurz nach oben schieben. Oben nehmen wir dann den Weg nach rechts unten. Wir fahren an dem **Forsthaus Mühltal** vorbei, queren vorsichtig die stark befahrene Autostraße und radeln links auf dem parallel verlaufenden geteerten Weg weiter. Die nächste Brücke, die rechts von uns kommt, überqueren wir und biegen kurz danach wieder links auf den Fuß- und Radweg, der uns erneut ein Stück entlang der Würm und zurück zur Autostraße führt. Auf dieser fahren wir links, überqueren eine Brücke und biegen direkt danach wieder nach **Leutstetten** ab.

Nach einer leichten, kurzen Steigung sehen wir auf der linken Seite den **Schlossbiergarten Leutstetten**. Hier können wir uns stärken. Ansonsten radeln wir weiter und biegen in die nächste Straße, Wangener Straße, rechts ab. Bei der nächsten Möglichkeit fahren wir wieder rechts. Am Ende der Siedlung biegen wir auf einen Schotterweg links ab. Wir erreichen eine geteerte Straße und biegen hier rechts ab. Die Straße geht in einen Schotterweg über, rechts und links von uns sehen wir Wiesen. Wir kommen zu einer Wegkreuzung, rechts geht es zur **Villa Rustica**, die wir schon sehen können. Sie ist eine Ausgrabungsstätte eines römischen Gutshofs, die man besichtigen kann. Unser Weg führt uns allerdings nach links in den Wald. An der nächsten Wegkreuzung fahren wir nach rechts und teilweise auf Holzstegen durch das **Leutstettener Moos**, ein Niedermoor auf einem verlandeten Teil des Starnberger Sees.

Nach einiger Zeit verlassen wir den Wald, erreichen Heimatshausen und kommen wieder auf eine Straße. Dieser folgen wir immer geradeaus, bis wir eine Hauptstraße erreichen. Hier fahren wir auf den Radweg rechts entlang der Autobahn und überqueren ein letztes Mal die Würm.

Wir haben **Starnberg** erreicht und überqueren schließlich bei der nächsten Möglichkeit an einer Ampel die Straße, die von einer Autobahn zu einer Bundesstraße geworden ist. Dann radeln wir die Strandbadstraße geradeaus und an ihrem Ende rechts. Wir unterqueren die Bahnlinie und fahren direkt danach nach links und entlang der Bahngleise auf den Bahnhofsplatz zur **S-Bahn-Station Starnberg**.

9

Geheimnisvolle Schluchten und Höhen

ZU MAISINGER SCHLUCHT UND SEE

Schwierigkeit Leicht

Weglänge 31,5 km, 3 Std.

Zusatztour München/Pasing–Starnberg 26 km; Bernried–Tutzing 7 km; Tutzing–Starnberg 12 km

Tourencharakter Radwege und ruhige Landstraßen

Ausgangspunkte Bahnhof Pasing oder Bahnhof Starnberg

Endpunkte Kurze Variante: Bahnhöfe Bernried (RB), Tutzing oder Starnberg (beide S6); lange Variante: München-Forstenried

Karte Kompass-Fahrradkarten Deutschland Münchens Süden–Starnberger See–Ammersee, FK 3120, 1:70 000; Kompass-Wandern und Rad München und Umgebung WK 184, 1:50 000

Baden Starnberger See, Maisinger See

Einkehr Maising: Maisinger Seehof, Seestr. 14, Tel. 08151/ 74 42 42, maisingerseehof.de; Tutzing: Forsthaus Ilkahöhe, Oberzeismering, Tel. 08158/ 824 42, ilkahoehe.de; Bauerbach: Steidl-Wirt, s. Kasten; Bernried: 3 Rosen, Dorfstr. 11, Tel. 08158/ 90 40 53, dreirosenbernried.de

Information Region Starnberg Ammersee, gwt Starnberg GmbH, Hauptstr. 1, 82319 Starnberg, Tel. 08151/90 60 12, starnbergammersee.de

Die Tour führt auf stillen Wegen durch die paradiesische Maisinger Schlucht zum gleichnamigen See, der zum Baden und Rasten einlädt. Im weiteren Verlauf dürfen wir auf der Ilkahöhe die weite Sicht auf das herrliche Alpenpanorama genießen, bevor es über kleine, malerische Dörfer zum Starnberger See zurückgeht.

Konditionsstarke Radler beginnen diese Tour in **München-Pasing** (s. Tour 8) und fahren entlang der Würm zum Starnberger See. Genussradler starten am S-Bahnhof Starnberg/See.

Am **Starnberger Bahnhofsplatz** wenden wir uns nach links, folgen der Rechtskurve bergauf, überqueren die Hauptstraße und fahren weiter auf der Söckinger Straße, bis links die Maisinger-Schlucht-Straße beginnt. Schon bald lassen wir die letzten Häuser hinter uns und tauchen in die eiszeitliche Landschaft der **Maisinger Schlucht** ein. Umgeben von bis zu acht Meter hohen kalkhaltigen Nagelfluhwänden, führt der schmale Schluchtweg idyllisch entlang des Maisinger Bachs zum gleichnamigen See. Durch den Nährstoffreichtum fühlen sich hier heimische Edelhölzer wie Bergahorn und Esche wohl. Verschiedene Moose und Farne sowie ein reiches Fischvorkommen (z. B. Bachforelle) machen den See zu einem ökologischen Paradies. Rund 25 000 Einwohner werden übrigens aus dem hiesigen Grundwasser mit Trinkwasser versorgt.

Wir radeln durch den Ort **Maising**, vorbei am Gasthaus Georg Ludwig, und biegen nach links in den Wirtschaftsweg ab, der Richtung **Maisinger See** führt (wer ihn verpasst, kann links am Maibaum vorbei und links über die Seestraße zum See fahren). Der unter Naturschutz stehende See ist der Rest eines einst mächtigen Moränensees. Der schöne Biergarten – von dessen auf einem Damm aufgestellten Tischen man den Blick auf die Landschaft genießt – lädt zu einer ausgiebigen Rast ein, Badevergnügen und Spielplatz mit inbegriffen. An der Gaststätte neh-

Abendstimmung am Maisinger See

men wir den Weg nach links. Anfangs begleitet uns der breite Schilfgürtel des Sees, bis sich die Landschaft öffnet und wir bis **Aschering** durch eine weite grüne Bilderbuchlandschaft radeln dürfen. An der hübschen Kirche weist der Weg nach links Richtung Tutzing. An der St.-Sebastian-Straße halten wir uns an das Schild »Wieling«, und kurz darauf weist ein Schild rechts nach **Traubing**.

Der Wirtschaftsweg führt wieder durch eine Landschaft mit weitläufigen Wiesen und Feldern, bevor wir in den Ort einfahren. Wir fahren links auf die Kirche mit ihrem schlanken Kirchturm zu, am Gasthaus Alter Wirt rechts vorbei und links auf die Tutzinger Straße. Wir halten uns nun Richtung Tutzing, fahren unter der Olympiastraße durch und dürfen wieder eine ruhige Fahrt genießen. Nach etwa zwei Kilometern stoßen wir

Kurze Variante über Tutzing

Fahren wir am Parkplatz des Deixlfurter Sees geradeaus weiter, sausen wir mit vollem Fahrtwind auf der Traubinger Straße ca. 2 km hinunter nach Tutzing, wo wir in die S-Bahn einsteigen oder an der Westseite des Starnberger Sees zurück nach Starnberg radeln können. Außerdem besteht hier die Möglichkeit, per Dampfer kreuz und quer die Orte am See zu besuchen.

rechter Hand auf einen Parkplatz und einen Wirtschaftsweg, der uns in den Wald leitet (Beschilderung »Deixlfurter See und Ilkahöhe«).

Der nun folgende Waldweg führt vorbei am weitgehend unbekannten, malerischen **Deixlfurter See**, der aus insgesamt acht kleinen Seen besteht. Die Ausschilderung zur **Ilkahöhe** (726 m) ist deutlich, und auf dem eiszeitlichen Höhenrücken genießt man an klaren Tagen ein grandioses Alpenpanorama von der Zugspitze bis ins Chiemgau. An einer Einkehr im Biergarten Forsthaus Ilkahöhe kommt man kaum vorbei, zumal der Ausblick in Kombination mit einer Brotzeit seinesgleichen sucht.

Gestärkt nehmen wir den Weg zurück bis zur Monatshausener Straße, in die wir links einbiegen. Durch das kleine, schmucke Dorf **Monatshausen** nehmen wir Kurs auf Die-

Der Steidl-Wirt in Bauerbach …

… ist eine echt bayerische Dorfwirtschaft mit angeschlossenem Bauernhof. Hofeigene Produkte werden in den typisch bayerischen Gerichten bodenständig verarbeitet. Die Preise sind anständig, und der Wirt ist nett. Dorfstraße 5, 82407 Wielenbach, Tel. 08158/1259, gasthaus-steidl.de

Die Stiftskirche St. Martin des Klosters Bernried

mendorf und sausen mit herrlichem Blick auf die Bergwelt das Asphaltsträßchen hinunter. Nach Überquerung der Gleise erreichen wir die idyllischen Dörfer **Haunshofen** und **Bauerbach**, wo wir der Linkskurve folgend uns Richtung Starnberger See bewegen.

Nach einem kurzen Anstieg erreichen wir **Bernried**, ein wunderschönes Dorf mit altem Dorfkern, Kloster, Kirche und Park. Wer einmal in den See springen möchte, geht zum Dampfersteg oder entlang der Klostermauern zum Strandbad Hubl. In die Öffentlichkeit gerückt ist der Ort zum einen mit der Auszeichnung »Schönstes Dorf Bayerns« 1983 und 2007 und zum anderen mit dem Bau des Buchheim-Museums, das eine weltberühmte Expressionisten-Sammlung beherbergt.

Rückfahrmöglichkeiten von Bernried

Je nach Kondition, Lust und Laune hat man hier nun viele Möglichkeiten:

- ab dem Bahnhof Bernried mit der Regio-Bahn zurück nach Starnberg/München
- von Bernried mit dem Fahrrad nach Tutzing (7 km)
- von Bernried mit dem Fahrrad nach Starnberg (18 km)
- Bernried – Seeshaupt – Starnberg (31 km)
- oder Sie radeln am Ostufer um den See herum mit vielen Bade-und Einkehrmöglichkeiten

Rast im Biergarten des Maisinger Seehofs

10

Einzigartige Überbleibsel aus der Eiszeit

NATUR PUR AN DEN OSTERSEEN

Schwierigkeit Leicht

Weglänge 30 km, 3 Std.

Zusatztour München/Pasing–Starnberg 26 km

Tourencharakter Waldwege und ruhige Landstraßen; Rad- und Uferwege bis Seeshaupt

Ausgangspunkte Bahnhof Pasing oder Starnberg (beide S6)

Endpunkt Iffeldorf (RB)

Karte Kompass-Fahrradkarten Deutschland Münchens Süden–Starnberger See–Ammersee, FK 3120, 1:70 000; Kompass-Wandern und Rad München und Umgebung WK 184, 1:50 000

Baden Starnberger See, Osterseen

Einkehr Ambach/Münsing: Zum Fischmeister Bierbichler, s. Kasten; St. Heinrich/Münsing: Buchscharner Seewirt, Buchscharnstr. 1, Tel. 08801/2409, buchscharner-seewirt.com; Iffeldorf: Landgasthof Osterseen, Hofmark 9, Tel. 08856/928 60, landgasthof-osterseen.de

Information Tourist-Information, Staltacher Str. 34, 82393 Iffeldorf, Tel. 08856/90 19 92 14, iffeldorf.de

Bei dieser Tour tauchen Sie ein in eine verwunschene, scheinbar unberührte Ur-Landschaft, entstanden in der Eiszeit. Bade- und Einkehrmöglichkeiten, sanfte Hügel, wunderbare Alpenblicke und Radwege, eben und verkehrsarm – das alles und noch mehr wird auf dieser Etappe geboten.

Die Strecke von München nach Starnberg ist in Tour 8 beschrieben. Ab dem **Bahnhof Starnberg/See** wenden wir uns in nördliche Richtung, radeln auf der Seepromenade und biegen rechts in den Nepomukweg ein, der uns am Strandbad entlang um die nördliche Rundung des Sees bringt. Dann geht's rechts in den Schiffbauerweg, und schon befinden wir uns im Freizeitgelände von **Percha**. An manchen sonnigen Tagen ist hier ganz schön was los, und man bahnt sich seinen Weg durch die Badehungrigen, Erholungssuchenden und Sonnenanbeter.
Immer in Ufernähe über **Kempfenhausen** und **Berg** radeln wir in den Schlosspark von **Leoni** und halten uns an das Schild »Votivkapelle«. Mitten im Wald ist hier, etwas düster und unheimlich, ein Rundbau zu Ehren König Ludwigs II. erbaut worden. Von hier sieht man auf den See, in dem nur wenige Meter vom Ufer entfernt das Kreuz an der Stelle steht, an dem die Leiche des Märchenkönigs am 13. Juni 1886 gefunden wurde. Bis heute ran-

Der Fischmeister …

… ist Kult: gepflegte bayerische Küche, Verarbeitung regionaler Produkte, Biergarten. »Die Fischmeister« waren über Jahrhunderte die Fischlieferanten der bayerischen Höfe. Ende des 18. Jh. übergab der letzte Fischmeister das Anwesen seinem Knecht Johann Castulus Bierbichler, Vorfahre des beliebten bayerischen Schauspielers Sepp Bierbichler.

Zum Fischmeister Bierbichler, Seeuferstraße 31, 82541 Münsing, Tel. 08177/533, zumfischmeister.com

Auf der Terrasse des Hotels Schloss Berg am Starnberger See

ken sich Geschichten um dessen Tod – war es ein Unfall, Selbstmord, oder ist er ermordet worden?

Wir radeln weiter nach **Ammerland** und **Ambach** mit weitläufigen Wiesenflächen und Stegen, die zu einer Bade- und/oder Biergartenpause einladen. Während am Westufer, so sagt man, der Geldadel zu Hause ist, sind am Ostufer die Künstler ansässig – allerdings nicht die armen, wie an den prächtigen Villen unschwer zu erkennen ist. So etwa schmückt ein prächtiges Tor das Anwesen von Waldemar Bonsel, der einst hier seine »Biene Maja« schrieb.

Wir kommen durch **St. Heinrich**, radeln über den Parkplatz, fahren entlang des Schilfgürtels und nähern uns der Hauptstraße. Jetzt muss man aufpassen: Wir radeln auf eine Holzbank zu, an der Hauptstraße steht ein gelbes Straßenschild Richtung Schechen. Wir überqueren die Straße und folgen dem Schild auf einer ruhigen Landstraße über die winzigen Weiler **Schechen** und **Sanimoor**.

Kleines Lexikon der Prominenz am See

Sisi, Kaiserin von Österreich; König Ludwig II.; Johannes Brahms; Oskar Maria Graf; Leni Riefenstahl; Carl Spitzweg; Max von Pettenkofer; Patrick Süskind; Loriot; Peter Maffay; Michael Ballack; Herbert Achternbusch; Heiner Lauterbach, der thailändische König Rama X.; Prinz Leopold von Bayern u. v. m.

Der Weg schlängelt sich anfangs durch offenes Wiesengelände, windet sich durch einen Wald und mündet in einer größeren Straße, der Verbindung von Seeshaupt nach Iffeldorf, die wir vorsichtig überqueren und geradeaus auf dem Wirtschaftsweg weiterfahren. Wir radeln links durch die Unterführung, halten uns an die Ausschilderung Bahnhof und fahren dann am Bahnhof vorbei rechts in die Staltacher Straße. An deren Ende geht es rechts in die Hofmark, wo sich der Landgasthof Osterseen befindet, von dessen Terrasse man einen ersten Blick auf die **Osterseen** werfen kann. Wer erst mal ans Wasser will, radelt weiter am Vitusplatz von **Iffeldorf** vorbei, die Jägergasse hinunter, am großen Osterseeparkplatz vorbei und hinein ins Naturschutzgebiet. An der nun folgenden Abzweigung mit großer Wegetafel kann man sich selbst die Route zusammenstellen. Eine komplette Um-

Eiszeitliche Ur-Stimmung an den Osterseen

rundung ist mit dem Rad möglich und wegen der Panoramablicke empfehlenswert, wenn es auf den Waldwegen auch hin und wieder ein bisschen holprig wird.

Falls Sie an der Abzweigung rechts abbiegen, radeln Sie erst durch ein Schilfgebiet, überqueren ein Holzbrückchen und kommen an dem kleinen Steg vorbei, von dem man in die »Blaue Gumpe« blicken kann, einen der vielen Quelltrichter, die die Osterseen speisen.

Kurz darauf erreichen wir eine schöne, idyllische Naturbadestelle mit Wiese, großen Wurzeln und herrlichem Blick auf den ruhigen See. Auch ein paar Meter weiter findet man wunderbare kleine Buchten. Der Zugang ist recht flach und deshalb auch für Kinder besonders gut geeignet. Nach dem Wurzel-Badeplatz kann man nun rechts durch den

Die Osterseen

Die insgesamt 19 Seen sind in der Würmeiszeit entstanden. Eisblöcke brachen ab, blieben als Toteismassen liegen und hinterließen nach dem Abschmelzen sogenannte Toteislöcher, aus denen die Osterseen entstanden. Eine ganz eigene Moor- und Schilflandschaft hat sich entwickelt, mit einem Lebensraum für allerlei Tier- und Pflanzenarten. Die Besonderheit: Die Seen speisen sich durch Grundwasser aus einer ganzen Reihe von Quelltrichtern (Limnokrenen). Die Entstehungsgeschichte ist auch für Limnologen interessant, und so ist in Iffeldorf ein Institut der TU München ansässig.

Bilderbuchlandschaft an den Osterseen

Wald radeln. Dabei wird's holprig, man fährt am Ufer des **Fohnsees** entlang, durchquert einen Campingplatz und kann auf der Terrasse des Fohnseestüberls noch eine Rast einlegen, bevor es hinauf nach Iffeldorf geht.

Mit Kinderanhänger nimmt man am besten den gleichen Weg zurück oder radelt geradeaus weiter, und umrundet dabei die Osterseen gegen den Uhrzeigersinn.

11 Durchs bäuerliche Alpenvorland zum Moorsee

PANORAMAFAHRT ZUM DEININGER WEIHER

Schwierigkeit Mittel

Weglänge 46 km, 4.30 Std.

Tourencharakter Erst an der Isar entlang, dann auf Waldwegen und ruhigen Landstraßen; insgesamt weist die Tour einige Steigungen auf.

Ausgangs-/Endpunkt München, Tierpark Hellabrunn/Haupteingang. Bei Start am Bahnhof Deisenhofen (S3) ca. 12 km weniger

Karte Kompass-Fahrradkarten Deutschland Münchens Süden–Starnberger See–Ammersee, FK 3120, 1:70 000; Kompass-Wandern und Rad München und Umgebung WK 184, 1:50 000

Baden Deininger Weiher

Einkehr Harlaching: Menterschwaige, Menterschwaigstr. 4, Tel. 089/64 07 32, menterschwaige.de; Straßlach: Waldhaus Deininger Weiher, s. Kasten; Gasthaus Aumühle, Pupplinger Au, gasthaus-aumuehle.de; Gasthaus zur Mühle, Mühltal 10, Tel. 08178/36 30, gasthausmuehle.de

Information Landkreis-München, Mariahilfplatz 17, Tel. 089/622 10, landkreis-muenchen.de

Diese recht hügelige Tour führt in die traumhafte Landschaft des oberbayerischen Voralpenlands, wo weite Bergblicke, kleine Weiler, herrschaftliche, blumengeschmückte Bauernhöfe, das romantische Gleißental und nicht zuletzt der idyllische Deininger Weiher, eingebettet im Naturschutzgebiet mit Bade- und Einkehrmöglichkeit, locken.

Am Haupteingang des **Tierparks Hellabrunn** wenden wir uns stadtauswärts dem Isar-Radweg zu. An der **Marienklausenbrücke** nehmen wir den Weg nach oben und erreichen das Hochufer der Isar. Am Gasthaus Menterschwaige ändern wir die Richtung und fahren auf der Meichlbeckstraße zur großen Geiselgasteigstraße, die wir überqueren und in den **Perlacher Forst** einfahren.

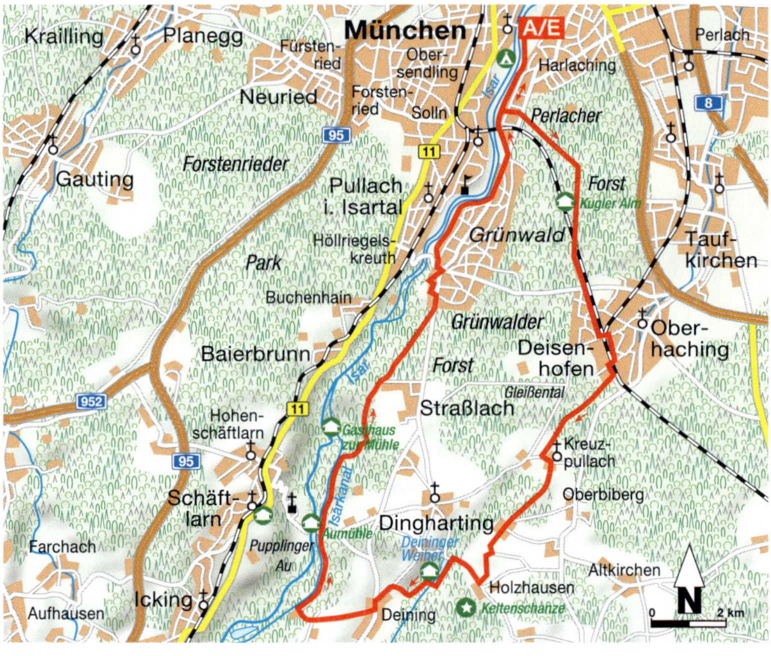

Der Deininger Weiher und sein Gasthaus

Dem kerzengeraden Weg namens »Harthauser Geräumt« folgen wir etwa zwei Kilometer bis zur Oberbiberger Straße. Hier geht's rechts bis zur Bahnlinie, die wir unterqueren und auf den Kiosk Nussbaum-Ranch treffen, einem ehemaligen Bahngebäude. Weiter geht's zur **Kugler Alm** (s. Tour 1).

Wir setzen unseren Weg entlang der Bahnlinie fort, kommen an der S-Bahnstation **Deisenhofen** vorbei und biegen schließlich rechts in die Sackgasse Stefanienstraße ein, an deren Ende wir ins malerische **Gleißental** eintauchen. Einen Bach wird man hier vergeblich suchen, stattdessen findet man eine Schlucht, die mit einmaligen Nagelfluhwänden aufwartet. Entstanden in der letzten Eiszeit, hat das Schmelzwasser des Isargletschers die Schlucht zur Abflussrinne ausgehöhlt. Heute bilden diese Steinbrüche ein ideales Übungsfeld für Kletterer.

Die Fahrt verläuft überaus romantisch bis zu einer Fahrstraße. Wir biegen nach links ab und radeln ein kurzes Stück bergauf bis nach **Kreuzpullach**, wo man die schöne und sehr alte Heilig-

Kreuz-Kirche (aus dem Jahr 1710) bewundern kann. Das Innere zieren 14 goldene Engel, der Altar ist aus Tegernseer Marmor, und Erbauer war vermutlich Viscardi, der auch fürs Kloster Fürstenfeld verantwortlich zeichnet.

Fast am Ende des Ortes zeigt ein altes bayerisches Wegkreuz nach rechts, und kurz darauf steht ein ähnliches Schild in der Wiese. Wir nehmen den Weg nach Jettenhausen und kommen auf einer herrlichen Fahrt durch Wald, satte Wiesen und bäuerliches Land nach **Ebertshausen** und **Holzhausen**, wo man einen Abstecher zur historischen Keltenschanze unternehmen kann.

An der T-Kreuzung in Holzhausen biegen wir nach rechts und sausen bis zum Parkplatz des **Deininger Weihers** hinunter. Hier schwenken wir nach links und sind nun am malerischen Moorsee mit seiner typisch braunen Färbung. Mit knapp zwei Metern Tiefe erwärmt sich der in der Würmeiszeit entstandene See schnell; er lädt zum Baden ein und ist mit dem hervorragenden Gasthaus Waldhaus ein beliebtes Ausflugsziel.

Moorlandschaft am Deininger Weiher

Waldhaus am Deininger Weiher

Die Speisen im Waldhaus am Deininger Weiher haben einen deutlichen Südtiroler Einschlag. Das liegt an den Wirtsleuten. So stehen etwa Schlutzkrapfen oder Südtiroler Nocken (Spinat-Käse-Pilze) mit brauner Butter und Parmesan oder Südtiroler Zwetschgenknödel auf der Karte.

Waldhaus Deininger Weiher, Deininger Weiher 4, 82064 Straßlach-Dingharting, Tel. 08170/99 87 00, waldhaus-deiningerweiher.de

Wir durchqueren an der Ostseite (der See liegt rechter Hand) die wunderbare Moorlandschaft, folgen dem Pfad bis zu einem etwas größeren Weg, biegen rechts ab und kommen auf die Landstraße nach Deining. Vor uns liegt eine weite grüne Landschaft mit Blick aufs Gebirge. Wer Lust hat, kann rechts den Hügel zur **Ludwigshöhe** erklimmen – dies ist der höchste (Aussichts-) Punkt der Gegend. Im alten Dorf **Deining** biegen wir gegenüber vom Gasthof Post rechts in die Hornsteiner Straße und fahren bis zum Weiler **Hornstein**, wo gegenüber der Kirche ein Waldweg steil und holprig hinab zur **Pupplinger Au** führt. Wir wenden uns nach rechts und sind am Gasthof Aumühle. Wer gern Fisch

Mmh, Schweinsbraten und Schlutzkrapfen!

isst, sollte hier einkehren – ob Forelle blau oder paniert, die Fische sind fangfrisch aus der anliegenden Fischzucht.
Nun folgen wir im Wesentlichen dem Verlauf der Isar bis zum **Gasthaus Mühle**. Hier geht's nach oben zum Parkplatz. Der Waldweg nach links führt kerzengerade durch den Forst nach **Grünwald**. An der großen Kreuzung biegen wir nach links, dann nach rechts und wieder links in die Rathausstraße, die nach der Rechtskurve zur Zeilerstraße und zum **Hochuferweg** wird. Abseits des Straßenlärms geht's durch Grünwald und bei **Geiselgasteig** hinunter zum Isar-Radweg, dem wir bis zum **Tierpark** folgen.

12

Prominentendorf und Floßrutsche

VOM KOLUMBUSPLATZ ÜBER DAS MÜHLTAL NACH WOLFRATSHAUSEN

Schwierigkeit Mittel

Weglänge 30 km, 2.45 Std.

Tourencharakter Steigung beim Mittleren Ring, ansonsten flach bis Grünwald, dann kurzer Anstieg, abwechselnd Schotter- und Teerwege, Wald hinter Grünwald, steile Abfahrt zur Floßrutsche, dann nur noch geteerte Wege. Vorsicht: Keine sinnvolle Abkürzung der Strecke möglich.

Ausgangspunkt Plattnerstraße, U-Bahn-Station Kolumbusplatz

Endpunkt Wolfratshausen, S-Bahn-Station

Karte Kompass Fahrradkarte »München und Umgebung« (2021), 1:70 000

Einkehr Egling: Gasthaus Zum Bruckenfischer, Dürnstein 1, Tel. 08178/36 35, bruckenfischer.de; Aumühle: Forellengasthaus Aumühle, Aumühle 10, Mo/Di Ruhetag, Tel. 08178/43 51, gasthaus-aumuehle.de; Puppling: Gasthof Aujäger, Austr. 4, Mo/Di Ruhetag, Tel. 08171/785 56, aujaeger-puppling.de

Information Stadt Wolfratshausen, Marienplatz 1, 82515 Wolfratshausen, Tel. 08171/ 21 40, wolfratshausen.de

Der Hang östlich der Isar bietet spektakuläre Blicke zur Isar. Die Radtour führt uns am Lola Montez-Haus vorbei, gönnt uns einen erhabenen Blick von der Großhesseloher Brücke und bringt uns durch das Prominentendorf Grünwald, bevor wir das Tal hinabfahren und eine der größten Floßrutschen Europas in Augenschein nehmen dürfen.

In **Untergiesing** an der Plattnerstraße nahe der U-Bahn-Station Kolumbusplatz beginnt unsere heutige Tour. Wir radeln die Plattnerstraße Richtung Kupferhammerstraße, biegen links ein und unterqueren eine Eisenbahnbrücke. Wir bleiben auf der Kupferhammerstraße. Sie führt über den Auer Mühlbach und schließlich rechts in die Lohstraße. Wir radeln entlang dem Isarhang. Am Ende steigt die Strecke leicht an und wird zu einem Rad- und Fußweg. An der Weggabelung halten wir uns rechts und radeln etwas bergab. Rechts sehen wir ein Jugendzentrum und über uns den Mittleren Ring. Nach der Unterquerung des Tunnels geht es stark bergauf.

Oben angekommen, können wir einen kurzen Abstecher zum alten **Sechzgerstadion** machen. Wenn wir das Fußballstadion sehen wollen, fahren wir links. Wer daran kein Interesse hat, folgt dem Weg weiter an der Hangkante. Wir passieren links mehrere Sportplätze und gelangen schließlich auf die Karolinger Allee. Rechts von uns ist der Biergarten **Harlachinger Einkehr**. Wir queren die Straße, fahren kurz rechts an ihr entlang und biegen bei nächster Möglichkeit links auf die Lindenstraße.

Wer mag, kann noch einen Blick zur **St.-Anna-Kapelle** werfen, die wir auf der rechten Seite sehen. Aber Vorsicht! Es soll hier noch die Seele einer Unglücklichen herumirren. Das schöne Mädchen ertränkte sich einst in der Isar, nachdem ihr Mann sie verlassen hatte. Als Zeichen der Reue soll dieser die Kapelle errichtet haben.

Gasthaus Aujäger am Rande der Pupplinger Au

Bei der nächsten Gelegenheit biegen wir rechts in die Hochleite. Wir folgen der Linkskurve der Straße.

Vielleicht hören wir jetzt auch das Gebrüll von Affen. Kein Wunder – rechts von uns im Isarbett befindet sich der Tierpark Hellabrunn, ein **Geozoo** der ersten Stunde. Am Ende der Hochleite, wenn die Straße stark nach links abbiegt, fahren wir weiter entlang der Isarhangkante geradeaus auf einen Waldweg.

Wir nutzen dabei den geteerten Radweg auf der linken Seite des breiten Weges. Nach einiger Zeit erreichen wir den **Biergarten Menterschwaige**. Wer genug hat, kann es sich hier den restlichen Abend gut gehen lassen. Soll man dem Namen glauben, so soll die unstandesgemäße Geliebte Ludwigs I., Lola Montez, in dem Haus neben dem Restaurant gewohnt haben. Historisch belegt ist dies allerdings nicht.

Der Weg führt uns vorbei an der Großhesseloher Brücke. Die erste Brücke, die hier um 1857 fertiggestellt wurde, war eine der prominentesten Ingenieursbauwerke des 19. Jahrhunderts in Bayern. Die Brücke wurde allerdings von

GASTHAUS ZUR MÜHLE

Auf eine ganz lange Tradition kann das Gasthaus zur Mühle zurückblicken. Die gemütliche Stube und der Biergarten mit Blick auf die Floßrutsche schaffen ein schönes Ambiente. Im Angebot sind vor allem bayerische Gerichte. Die Speisekarte wechselt täglich.

Gasthaus zur Mühle, Mühltal 10, 82064 Straßlach-Dingharting, Mo Ruhetag, Tel. 08178/ 36 30, gasthausmuehle.de

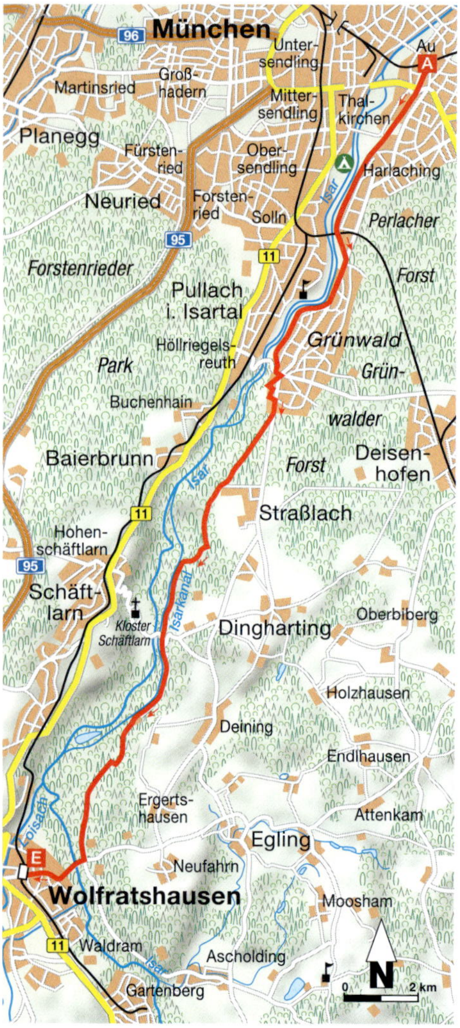

1983 bis 1985 komplett erneuert. Heute kann man von dem Stahlfachwerkträger den Blick nach Süden und Norden genießen. Ein Abstecher lohnt sich.

Der Weg führt uns noch ein Stück entlang des Isarhanges und schließlich auf den Gehweg einer Straße beim Ortseingang von **Grünwald**, der Nördlichen Münchner Straße. Wir fahren entlang der Straße am Hotel Ritterhof vorbei, biegen kurz danach auf den nächsten Waldweg nach rechts ab und gelangen wieder an die Isarhangkante.

Immer wieder tauchen vereinzelte Bänke auf, die zum Verweilen einladen und teilweise atemberaubende Blicke ins Tal bieten. Die langjährige Arbeit der Isar zeigt hier deutlich ihre Resultate. Sobald wir den Wald verlassen, halten wir uns rechts, immer oben am Hang. Wir radeln weiter zwischen Häusern und Hang dahin, gelangen auf die Zeillerstraße und passieren das **Schlosshotel Grünwald**. Hier soll auch Karl Valentin während des Krieges Zuflucht gefunden haben. Eine Tafel erinnert daran. Wir folgen der Linkskurve und biegen die nächste Straße, Dr.-Max-Straße, nach rechts und danach sofort wieder links auf die Emil-Geis-Straße. Bevor wir noch an die große Kreuzung gelangen, biegen wir beim Marktplatz die nächste Straße nach rechts ab, folgen unserem Weg auf der Eierwiese bis zum Ende und fahren dann links kurz bergan. Rechts von uns eröffnet sich eine Wiese. Kurz dahinter fahren wir die nächste Straße, die Kreuzeckstraße, nach rechts. Wir radeln sie bis zum Ende durch, um dann links in die Zugspitzstraße abzubiegen. An deren Ende radeln wir rechts auf den Radweg der Hauptstraße, der Tölzer Straße.

Links: Am Gasthaus Brückenwirt bei Höllriegelskreuth;
Rechts: Floßrutsche beim Kraftwerk Mühltal

Wir passieren auf der rechten Seite schließlich einen Parkplatz, gegenüber können wir den Grünwalder Friedhof erkennen. Kurz nach dem Parkplatz biegen wir halbrechts auf einen Weg in den Wald ein und radeln eben immer geradeaus Richtung **Straßlach**. Schließlich tauchen links Häuser auf. Am Ende treffen wir auf eine geteerte Straße in Straßlach, die Mühlstraße. Hier biegen wir links ab.

Vorsicht ist angesagt bei unserer Fahrt nach unten. Es ist ein beträchtliches Gefälle und unsere Bremsen leisten hoffentlich gute Dienste. Am Ende des Gefälles sehen wir links von uns eine Kapelle und vor uns das **Kraftwerk Mühltal**. Wir fahren rechts und kommen zur **Floßrutsche**. Hier können wir auch einkehren, während wir entspannt auf den Kanal sehen. Nach einer Stärkung fahren wir die kleine Anhöhe hoch und radeln auf der geteerten Straße entlang des Kanals. Wenn wir auf eine Vorfahrtsstraße kommen, biegen wir links ab. Nach kurzer Steigung radeln wir sofort wieder rechts. Wir fahren entlang des Damms und gelangen schließlich zum **Restaurant Aumühle**. Wir passieren die Aumühle und fahren die nächste Straße neben den Forellenteichen rechts Richtung Pupplinger Au.

Floßrutsche beim Stauwehr in Schäftlarn

Viel ist von der Flößerei nicht übrig geblieben. Bis Ende des 19. Jahrhunderts fuhren in der Hochzeit 1200 Floße jährlich gen München. Heute sind nur noch die Gaudifloße mit Musik von Wolfratshausen nach Thalkirchen unterwegs. Schön anzusehen ist das Spektakel an der Floßrutsche beim Stauwerk in Schäftlarn allerdings nur bis zur Mittagszeit.
Die Rutsche zählt zu den größten Europas. Mit ihren 365 m ist sie die längste in Europa. Durch einen Höhenunterschied von 18 m erreichen die Floße eine Geschwindigkeit von bis zu 50 km/h.

Die Teerstraße schlängelt sich abwechselnd durch offene Wiesen und Wald. Wir genießen den Geruch der Auenlandschaft und gelangen schließlich zum Aujäger, einem Restaurant mit Biergarten. Am Straßenende kommen wir zu einer Landstraße, vor der wir rechts auf den parallel verlaufenden Radweg einbiegen. Wir überqueren die Isar und sehen direkt am Ende der Brücke eine **Floßablegestelle**. Wir folgen der Straße, passieren das Ortsschild von **Wolfratshausen**. Direkt nachdem wir die Gleise überquert haben, fahren wir rechts in die Bahnhofstraße und erreichen den S-Bahnhof Wolfratshausen.

Traumhafter Picknickplatz mit Blick auf das Murnauer Moos

Touren im Grünen

13

Auf alten Pilgerpfaden zum sagenhaften Kraftort

ZUR WALLFAHRTSKAPELLE MARIA EICH

Schwierigkeit Leicht

Weglänge 15 km, 2 Std.

Tourencharakter Auf Waldwegen entlang der Würm nach Maria Eich und auf dem Wallfahrerweg zurück in die Stadt

Ausgangs/Endpunkt München-Pasing

Karte Kompass-Wandern und Rad München und Umgebung WK 184, 1:50 000

Einkehr Planegg: Heide Volm, Bahnhofstr. 51, Tel. 089/857 20 29, heidevolm.de; Krailling: Brauereigasthof, Margaretenstr. 59, Tel. 089/857 17 18, kraillinger-brauerei.com

Information Fremdenverkehrsamt München, Marienplatz/Im Rathaus, Tel. 089/23 39 65 00, muenchen.de

Diese kurze Tour führt zu einem Ort, der seit über 300 Jahren verehrt wird und in den die Menschen viele Hoffnungen gesetzt haben – bis heute. Sagenhafte Dinge sind geschehen, nachdem zwei Buben eine Madonna in die alte Eiche im Kreuzlinger Forst bei Planegg gestellt haben.

Von **Pasing** aus fahren wir an der Würm entlang und halten uns dabei bis **Planegg** an die Wegbeschreibung der Tour 8. Da wir uns auf einer Tour zu ganz besonderen Plätzen rund um München befinden, sollten wir kurz nach dem Ortsschild links über die Brücke fahren und der sehenswerten St.-Georgs-Kirche im Ortsteil **Steinkirchen** (siehe Kasten) einen Besuch abstatten.
Entlang der Georgen- und der Bräuhausstraße erreichen wir die Bahnhofstraße in Planegg, biegen rechts ab und nutzen die

Holzkreuze zieren den Wallfahrerweg von Maria Eich bis München.

Links: Die Würm im Pasinger Stadtpark

Unterführung der S-Bahn. Auf der anderen Seite weist uns ein Schild geradewegs in den Wald zur **Wallfahrtskapelle Maria Eich**, die versteckt hinter uralten Eichen, Linden und Fichten liegt. Hier kann man nun auf den Stühlen vor der Kapelle oder auf der Wiese sitzend das stille Waldheiligtum auf sich wirken lassen. Seit etwa 280 Jahren pilgern Wallfahrer zu diesem Kraftort, denn hier sind sagenhafte Wunder geschehen – so will es die Legende:

Die beiden Söhne des Planegger Dorfschmieds Thallmayr stellten im Jahr 1710 ein Madonnenbild in die Höhlung einer dürren Eiche, die daraufhin wieder gesundete. Die Rinde umrahmte fortan das Muttergottesbild. Darin sahen die Menschen ein göttliches Zeichen und pilgerten

Kurzer Schlenker (200 m)

Die St.-Georgs-Kirche in Steinkirchen hat eine ganz eigene Ausstrahlung. Auf dem Friedhof mit seinem uralten Baumbestand stehen die imposanten Steinkreuze oft allein, ohne Grabeinfassung, und in ungewöhnlich großzügigem Abstand verteilt auf dem Rasen. Im Jahr 948 fand man eine erste urkundliche Erwähnung als »Steininunchircha«. Heute kann man im Inneren u. a. drei Altäre, eine spätgotische Muttergottesstatue und ein barockes Reiterstandbild besichtigen.

Steinkreuze auf dem Friedhof in Steinkirchen

fortan zu diesem heiligen Ort. 1732 bat ein todkrankes fünfjähriges Mädchen ihren Vater, ein »Häuserl« für das »Frauerl von der Aichen« zu errichten. Der Vater tat's, baute eine kleine offene Holzkapelle um den Baum, und das Kind wurde gesund. 13 Jahre später erhielt die Kapelle im Jahr 1745 dann ihre heutige Gestalt aus Stein. 30 Jahre später, am 12. Oktober 1775, flüchtete ein kapitaler Hirsch, gefolgt von Jägern und einer Meute kläffender Hunde, kurz vor dem tödlichen Abschuss, in die Kapelle. Kurfürst Maximilian III. Joseph sieht das stolze Tier, folgt seiner inneren Eingebung und verschont den Hirsch. Die Geschichte um die Jagd ist auf der Außenwand der Kapelle festgehalten.
In den Jahren zwischen 1732 und 1800 sind im Planegger Pfarrarchiv 779 solcher wundersamer Begegnungen verzeichnet. Dabei geht es z. B. um Genesung von unheilbaren Krankheiten, um Abwendung von Feuer oder Seuchen, um unerfüllte Kinderwünsche und um alles, was den Menschen auf dem Herzen liegt. Auf den Votivtafeln mit Bildern und Danksagungen in der Kapelle kann man die Ereignisse, bei denen Maria geholfen hat, betrachten.
Übrigens: Die Marienfigur steht heute noch in dem Stamm. Sie ist sichtbar oben im Hochaltar der Gnadenkapelle, in einen Barockmantel gehüllt, als das »Frauerl von der Aichen«. 1805 schlug der

Blitz in die Eiche ein und zerstörte die Baumkrone.
An der Ostseite der Kirche finden wir im Schilderwald den Hinweis »**Wallfahrerweg**«, dem wir folgen. Der Kreuzweg existiert bereits seit dem 19. Jahrhundert; er wurde für die zahlreichen Pilger aus München eingerichtet. Die nun folgende Fahrt führt idyllisch durch den Mischwald; dabei werden wir begleitet von den schönen Holzkreuzen am Wegesrand, die den Leidensweg Christi darstellen.
In **Gräfelfing** geht es kurz rechts auf die Geigerstraße und links versetzt wieder auf den Wallfahrerweg, der schließlich in **Lochham** endet. Wir biegen nach links auf die Maria-Eich-Straße, fahren über die Autobahn und folgen rechts der Straße zur S-Bahn-Station Lochham. Unter den Schienen durchfahrend, halten wir uns im Kreisel links auf die Friedensstraße. Wir können nun an der Straße Im Birket rechts abbiegen und uns durch das Wohngebiet schlängeln. So erreichen wir den Stadtpark, von wo aus wir auf der bekannten Route entlang der Würm nach **Pasing** radeln.

Links: Votivtafeln zeugen von einem tiefen Glauben.

Die Wallfahrtskirche von Maria Eich

14 Maikäfersiedlung und Mariengrotte

VON HAIDHAUSEN NACH HAAR

Schwierigkeit Leicht

Weglänge 16 km, 1.30 Std.

Tourencharakter Auf Radwegen entlang kleinerer Straßen, danach Wege durch Parks und Waldwege

Ausgangspunkt Ostbahnhof, S-Bahn-Station

Endpunkt Haar, S-Bahn-Station

Karte Kompass Fahrradkarte »München und Umgebung« (2021), 1:70 000

Einkehr Trudering: Franziskaner Wirtshaus und Biergarten, Friedenspromenade 45, Tel. 089/4300996, franziskanergarten.de; Solalinden, Keferloh, Haar: Gasthof Gut Keferloh, Keferloh 2, Tel. 089/46 92 48, gut-keferloh.de; Zur Post, Kirchenplatz 1, Mo Ruhetag, Tel. 089/460 60 (bei Drucklegung geschlossen wegen Renovierung); Rothmeyers Zur Einkehr, Keferloher Marktstr. 30, Solalinden, Mo–Do Ruhetag, Tel. 089/32 70 84 50, zur-einkehr-solalinden.de

Information Rathaus Haar, Bahnhofstr. 7, 85540 Haar, Tel. 089/46 00 20, gemeinde-haar.de

Einst als Volkswohnungen in der NS-Zeit gebaut, haben die Häuser in der Maikäfersiedlung ihren Dorfcharakter erhalten. Der Ostpark entstand mit dem Bau von Neuperlach und gilt heute als beliebtes Naherholungsgebiet im Münchner Südosten. Grünanlagen und Wälder bestimmen unseren Weg.

Wir starten beim Ostbahnhof und fahren vom Bahnhof kommend rechts auf den Radweg entlang der **Orleansstraße**. Nachdem wir das Postgebäude rechts neben uns liegen gelassen haben, biegen wir rechts in die Unterführung zur Friedenstraße ein. Am Ausgang des Tunnels dürfen wir Graffitis bewundern – das Ergebnis eines Projekts, den grauen Tunnel zumindest in Ansätzen in neuem Licht erstrahlen zu lassen.

Wenn wir den Tunnel verlassen, biegen wir rechts in die **Friedenstraße** ein. Wenige Meter später fahren wir bei der nächsten einmündenden Straße, Haager Straße, links auf den Radweg. Die Straße mündet am Ende in die Grafinger Straße ein. Rechts von uns sehen wir das Werksviertel. Wenn wir Zeit und Lust haben, fahren wir eine Runde durch das Areal. Das ehemalige Gelände der Pfanni- und Optimol-Werke hatte sich ab den 1990er Jahren als Künstler- und Partyviertel einen Namen gemacht. Augenblicklich ändert es sich zu einem mondänen neuen Viertel. Dennoch ist das Künstlerflair noch spürbar und man kann auch das ein oder andere Graffiti entdecken.

Von der Haager Straße gelangen wir zur Grafinger Straße, folgen der Straße über die große Ampfingstraße, queren den Mittleren Ring, fahren danach rechts entlang des Rings auf dem für beide Richtungen freigegebenen Radweg und biegen recht schnell zu einer kleinen Grünfläche links in den Joseph-Hörwick-Weg ein.

Wir verlassen die Grünfläche wieder, überqueren die Echardinger Straße und setzen unseren Weg geradeaus in der Bad-Kreuther-Straße fort. Rechts und links sehen wir in der Heilbrunner

Straße schöne, kleine Einfamilienhäuser, die **Maikäfersiedlung**, die aufgrund ihres gartenstädtischen Charakters diesen Spitznamen erhalten hat.
Am Ende der Straße radeln wir nach rechts auf den Radweg der St.-Michael-Straße. Bei der nächsten großen Kreuzung biegen wir links auf den Radweg, der entlang der Bad-Schachener-Straße führt. Rechts sehen wir eine Tankstelle, überqueren den kleinen **Hachinger Bach** und biegen sofort danach rechts in einen flickenhaft geteerten Weg des **Ostparks**, den Erholungspark Neuperlachs, ein.
Rechts von uns sehen wir eine Holzbrücke, fahren aber weiter geradeaus und halten uns bei der nächsten Weggabelung links auf dem Hauptweg. Abermals gelangen wir zu einer Weggabelung, wo wir rechts fahren. Auf beiden Seiten befinden sich freie Flächen ohne Bäume. Auf der linken Seite sehen wir einen kleinen See. Wir folgen dem Hauptweg. Wer nicht mehr weiter will und lieber etwas entspannt am See sitzen mag, kann hier zum Michaeligarten radeln, die Sonne auf der Terrasse des Restaurants genießen oder sich bei einer Brotzeit in den Biergarten setzen. Dazu kann man den nächsten Weg nach links fahren und gelangt nach kurzer Zeit zum Wirtshaus.
Ansonsten folgen wir dem Hauptweg, radeln nach einigen hundert Metern eine kleine Anhöhe hoch und biegen oben am Wegende rechts ab. Wir verlassen den Ostpark auf einer Brücke, die uns über die Albert-Schweitzer-Straße führt.
Wir fahren eine kleine Linkskurve, die direkt in den Radweg entlang der Albert-Schweitzer-Straße mündet, folgen diesem in Fahrtrichtung und überqueren die Heinrich-Wieland-Straße. Hier biegen wir kurz nach der **Michaelskapelle** die nächste Straße, Emil-Nolde-Straße, rechts ab und radeln diese bis zum

Maikäfersiedlung in Berg am Laim

Unten: Kreative Bereiche in der Kultfabrik

Der Ostpark, der Neuperlacher Erholungspark, mit seinen ausgedehnten Wiesen

Ende. Wir lassen uns durch das Sackgassenschild nicht irritieren, fahren rechts in die Max-Beckmann-Straße, folgen der Straße in einer Linkskurve, halten uns dann sofort rechts und erreichen eine Grünanlage.

Bei der Weggabelung radeln wir nach links. Wir queren den Hugo-Lang-Bogen bei einem Zebrastreifen, radeln kurz nach rechts und biegen nach wenigen Metern sofort wieder links in die Fortsetzung des **Grünstreifens**. Wir fahren mitten durch den Park, rechts und links sind Wiesen. Nach kurzer Zeit verläuft links parallel die Scharfenbergstraße und wir gelangen schließlich zur Friedrich-Creuzer-Straße.

Dort setzen wir unseren Weg links fort. An der nächsten Straßenkreuzung biegen wir rechts in die Straße **Am Hochacker** ab. Die Straße ist im Übrigen nach den teilweise heute noch erhaltenen langen Hochäckern benannt, einer früheren Form von Ackerbau. Heute säumen diese allerdings Bäume und sind daher kaum zu erkennen.

Wenn die Straße eine scharfe Linkskurve macht, radeln wir rechts von der Leitplanke geradeaus in das vor uns liegende Waldgebiet. Der Weg wird jetzt etwas holprig. Wir biegen rechts auf die querende geteerte Straße, den **Schrammingerweg.** Links passieren wir die **Kolonie Waldfrieden**, die an der Tsingtauerstraße liegt.

Bald darauf biegen wir direkt nach dem letzten Haus rechts in einen Waldweg, den Grottenweg, ab. Nach kurzer Zeit sehen wir eine **Mariengrotte**, die heute noch als Mahnmal für den Frieden

wie ein Heiligtum geehrt wird. An jedem 13. eines Monats wird hier ein Rosenkranz gebetet.
Am Ende des Waldwegs biegen wir links in die Fauststraße, dann abermals links in die Schwedensteinstraße und schließlich rechts wieder in den Schrammingerweg ein. Nach einer kleinen Siedlung fahren wir auf einem Schotterweg in den **Solalinder Forst**. Wir erreichen eine Siedlung, **Solalinden**. Dort fahren wir links in die Keferloher Markstraße. Wer möchte, kann hier auch eine Rast einlegen. Rechts liegt das **Wirtshaus Zur Einkehr** mit schönem Biergarten. Wir passieren ein Pferdegestüt und gelangen wieder in ein Waldstück, wo wir die Ruhe der Natur genießen können. Nach Verlassen des Waldes sehen wir auf der rechten Seite Tennishallen. Unser Weg führt uns in einer Rechts- und Linkskurve an dem Sportgelände entlang. Links befindet sich die Kirche St. Aegidius und rechts das **Gut Keferloh**, das auf eine lange Geschichte zurückblicken kann.
Wir passieren links eine kleine Kapelle. Rechts verläuft eine große, stark befahrene Straße, die von Haar nach Putzbrunn führt. Wir radeln bei nächster Gelegenheit links auf einen Forstweg, der als Fuß- und Radweg ausgezeichnet ist, in Richtung S-Bahn-Station Haar. Der Weg führt an Äckern und Feldern vorbei in einen Wald. Kurz nachdem wir in den Wald kommen, fahren wir halbrechts entlang des Holzzaunes eines Waldfriedhofs weiter. Wir folgen dem Weg, indem wir uns rechts halten.
Schließich gelangen wir in **Haar** auf eine Straße, den Jagdfeldring. Dort radeln wir auf dem Radweg rechts weiter. Die Straße macht eine leichte Linkskurve, nach der wir sofort rechts in die Defreggerstraße fahren. In die nächste Hauptstraße, **Ludwig-van-Beethoven-Straße**, biegen wir links ein. Der Straße folgen wir und queren die Wasserburger Straße, B 304. Vor dem Bahntunnel fahren wir im Kreisverkehr die dritte Straße, die entlang der Bahngleise führt, ab und gelangen zum Bahnhofsplatz. Nach wenigen Metern erreichen wir den **S-Bahnhof Haar**.

Die Mariengrotte, ein Friedensmahnmal in der Truderinger Grenzkolonie

Mariengrotte

Anfang der 1930er-Jahre wurde in der Grenzkolonie Trudering ein Walderholungs- und Spielplatz gebaut, kurz darauf auch eine Mariengrotte. Das Mini-Lourdes ist seinem Vorbild nachempfunden und überlebte als Relikt den Zweiten Weltkrieg. Es steht heute noch als Mahnmal des Friedens in dem kleinen Wald.

15

Ein künstlicher Hügel und ausgedehnte Wälder

VON GIESING NACH OBERHACHING

Schwierigkeit Leicht

Weglänge 23 km, 2 Std.

Tourencharakter Waldwege und keine Steigungen. Letztes Stück führt durch Wald, daher die Tour im Zweifelsfall bei Kugler Alm beenden. Dazu hinter Nussbaum-Ranch bei der Infotafel nicht zum Gasthaus Wörnbrunn, sondern weiter geradeaus radeln. Straße führt wieder in leichtem Links-Rechts-Knick zu Gleisen und schließlich zur Kugler Alm. Von dort direkt zur S-Bahn-Station nach Furth fahren.

Ausgangspunkt St.-Quirin-Platz, U-Bahn-Station

Endpunkt S-Bahn-Station Furth, Oberhaching (Alternative: Nicht zum Gasthaus Wörnbrunn, sondern direkt zur Kugler Alm und danach zur S-Bahn-Station Furth, Gesamtlänge: ca. 12 km)

Karte Kompass Fahrradkarte »München und Umgebung« (2021), 1:70000

Einkehr Grünwald: Gasthaus Wörnbrunn, Wörnbrunn 1, Tel. 089/71 67 73 90, forsthaus-woernbrunn.de; Oberhaching: Gasthaus Kugler Alm, Linienstr. 93, Mo/Di Ruhetag, Tel. 089/ 61 39 01 20, kugleralm.de

Information Rathaus Oberhaching, Alpenstr. 11, 82041 Oberhaching, Tel. 089/61 37 70, oberhaching.de

Das Trainingsgelände des FC Bayern München passieren wir ebenso wie den Notlandeplatz des Harlachinger Krankenhauses. Die lang gezogenen Wege des Perlacher Forsts laden zur Meditation ein. Den Hauptweg verlassen wir allerdings schnell und durchstreifen das ehemalige kurfürstliche Jagdareal auf Nebenwegen.

Wir genießen kurz die moderne **U-Bahn-Station St.-Quirin-Platz** und gönnen uns den Blick auf die Glaskonstruktion. Die U-Bahn-Station ist direkt am Anfang eines **Grünzuges** entstanden. Wir nehmen den Rad- und Fußweg auf der linken Seite des

Eine außergewöhnliche Glaskuppel ist das Dach des U-Bahnhofs St.-Quirin-Platz.

Grünzuges und folgen dem Weg einige Zeit geradeaus. Rechts tauchen große Sportanlagen auf – das **Stammgelände des FC Bayern München** an der Säbenerstraße. Vielleicht trainieren einige Profis dort. Am Ende des Trainingsgeländes, noch bevor wir auf die Säbenerstraße kommen, biegen wir links auf einen Feldweg. Wir verlassen den Grünstreifen, biegen sofort rechts in die Rotbuchenstraße und wieder links in Am Hollerbusch ab.

Wir radeln bis zur Ampel an der **Naupliastraße**, überqueren sie und folgen ihr kurz nach links auf dem Radweg. Rechts sehen wir einen Grünstreifen und fahren in den zweiten unbefestigten Weg nach rechts. Wir folgen dem Weg bis zur **Oberbiberger Straße** und biegen rechts ein. Jetzt bleiben wir auf der Straße bis zum Säbener Platz.

Vor uns sehen wir schon das Waldgebiet **Perlacher Forst**, das über Jahrhunderte den bayerischen Herrschern als Jagdgebiet diente. Wir nehmen die Einfahrt in den Forst am Säbener Platz. An Wochenenden mutiert die geteerte Straße durch den Forst aufgrund der hohen Frequentierung durch Radler, Skater und Spaziergänger zu einem regelrechten »Highway«.

Linke Seite: Das Gasthaus Wörnbrunn liegt idyllisch in den Wäldern bei Grünwald.

Wir folgen der Teerstraße allerdings nur wenige Meter. Direkt hinter einem Haus der Forstverwaltung auf der rechten Seite biegen wir rechts auf den Schotterweg »Sulz Geräumt« ab. Wir überqueren mehrere Schotterwege, die den Forst in einem strengen Raster in gleichmäßige Quadrate teilen.

Über die Forstwege »Harlachinger Geräumt« und »Winkelweg Geräumt« geht es zum »Mitter Geräumt«. Rechts sehen wir das **Harlachinger Krankenhaus**. Der Landeplatz für die Rettungshubschrauber befindet sich dort.

Wir radeln noch bis zum nächsten querenden Waldweg, »Isar Geräumt«, und biegen hier links ein. Wir folgen dem Weg nun stets geradeaus, überqueren die Teerstraße und erreichen kurz danach den **Perlacher Mugl** auf der linken Seite. Er ist die höchste Erhebung im Perlacher Forst. Wir fahren auf dem Weg vor dem Mugl links ab, da wir von hier einen besseren Zugang haben.

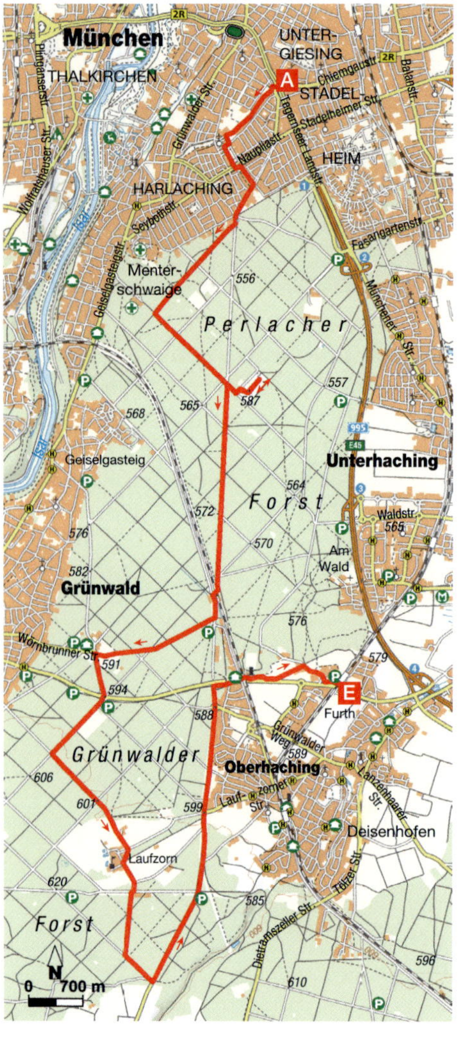

Am besten stellen wir unser Fahrrad am Rand des Hügels ab und erklimmen ihn zu Fuß.

Nach dem Besuch des Mugls setzen wir unseren Weg geradeaus fort und fahren den nächsten Weg »Isar Geräumt« nach rechts. Wir gelangen abermals auf die **Teerstraße**, auf die wir nun links abbiegen.

Auf der Teerstraße geht es stetig geradeaus. Der Weg führt uns durch einen Bahntunnel. Wir halten uns entlang der Bahngleise, die links von uns verlaufen. Wer mag, kann hier eine kleine Stärkung bei der **Nussbaum-Ranch** zu sich nehmen. Wir folgen dem Weg und fahren, kurz bevor der Weg eine starke Linkskurve macht, auf einem Waldparkplatz bei einer Infotafel über den Perlacher Forst rechts auf einen Schotterweg.

Wir folgen dem Weg, bis wir wieder auf freies Feld kommen, und gelangen zu einer geteerten Straße. Rechts von uns sehen wir das **Gasthaus Wörnbrunn,** das uns eine weitere Möglichkeit bietet, unseren Durst zu stillen. Ansonsten biegen wir links auf die Teerstraße ein. Wir können schon die kreuzende Autostraße hören. Wir unterqueren die Straße durch einen Tunnel und biegen leicht nach rechts auf den Weg »Ludwig Geräumt« ein. Links passieren wir eine Wiese. Hinter der Wiese nehmen wir den zweiten Waldweg nach links, den Laufzorner Weg.

Der Weg führt uns leicht bergauf. Wir verlassen den Wald für ein kurzes Stück, halten uns rechts und passieren rechts von uns das schon von der Ferne sichtbare Gestüt **Laufzorn**. Wir fahren wieder in einen Wald und überqueren eine geteerte Autostraße, die Römerstraße.

Am zweiten Waldweg, »Maximilian Geräumt«, biegen wir nach links ab. Nach kurzer Zeit verlassen wir den Wald und fahren links in die querende Autostraße. Wir folgen dem Weg weiter – auch wenn er zu einem Fuß- und Radweg wird. Jetzt gelangen wir nach **Oberhaching**. Rechts sehen wir Häuser. Am Ende des Wegs biegen wir rechts ab. Links von uns ist die Hauptstraße, die von Oberhaching nach Grünwald führt. Wir überqueren die Straße.

Wer mag, gelangt vor den Gleisen sich links haltend zur **Kugler Alm** und kann dort den Abend ausklingen lassen. Ansonsten setzen wir unseren Weg fort und unterqueren die Gleise. Wir folgen dem Weg Richtung S-Bahn-Station Furth. Kurz nach der Unterquerung führt der Weg erst einmal in Richtung Straße zurück, um dann fast an der Straße wieder Richtung Wald abzubiegen. Bei der Kreuzung vor dem Waldrand halten wir uns rechts. Die S-Bahn ist hier auch ausgeschildert. Wir gelangen über ein Trainingsgelände zur **S-Bahn-Station Furth**.

Perlacher Mugl bietet Blick auf die Alpen

Die höchste Erhebung im Perlacher Forst ist der Perlacher Mugl, der aus zwei Hügeln besteht. Bei schönem Wetter wird man bei klarer Sicht auf dem größeren der beiden Hügel mit einem herrlichen Blick auf die Alpen verwöhnt. Im Übrigen ist der Hügel – typisch München – künstlich. Im Zweiten Weltkrieg wurde dort ein Bunker mit Flugabwehrgeschützen errichtet. Aufgrund der massiven Bauweise konnte der Bunker nicht abgetragen werden. Schließlich wurde der Bunker mit Aushubmaterial vom Bau des McGraw-Grabens in München überdeckt.

Holztrogbrunnen mit Januskopf am Eingang des Perlacher Forstes

16 Isartalbahn und Hexenhäusl

VON THALKIRCHEN NACH GAUTING

Schwierigkeit Leicht

Weglänge 24 km, 2 Std.

Tourencharakter Hauptsächlich kleine autofreie Wege, zunächst bis Baierbrunn fast durchgängig geteert, tolle Blicke ins Isartal, im Forstenrieder Park auch Schotterweg, Wegfindung hier nicht ganz einfach, ab Forsthaus Kasten wieder geteerter Weg. Nach Baierbrunn keine sinnvolle Abbruchmöglichkeit mehr, 12 km langer Weg, danach fast ausschließlich durch Wald

Ausgangspunkt Tierparkstraße, Thalkirchen, U-Bahn-Station

Endpunkt Gauting, S-Bahn-Station Stockdorf (Alternative: S-Bahn-Station Buchenhain, Gesamtlänge: ca. 12 km)

Karte Kompass Fahrradkarte »München und Umgebung« (2021), 1:70 000

Einkehr Baierbrunn: Waldgasthof Buchenhain, Am Klettergarten 7, Tel. 089/744 88 40, hotelbuchenhain.de; Stockdorf: WirZhaus Stockdorf, Baierplatz 2, Tel. 089/899 790 20

Information Gemeinde Gauting, Bahnhofstr. 7, 82131 Gauting, Tel. 089/89 33 70, gauting.de

Die Flößerei wurde nicht zuletzt auch von der Eisenbahn verdrängt. Einige Jahrzehnte danach ereilte die Isartalbahn dann das gleiche Schicksal. Sie wurde eingestellt. Heute genießen wir den Radweg mit seiner moderaten Steigung, der auf ihrer Trasse entstand. Immer wieder bieten sich herrliche Blicke auf die Isar.

Heute starten wir in Thalkirchen an der Ecke Schäftlarnstraße/Tierparkstraße in der Nähe des U-Bahnhofs Thalkirchen. Wir radeln ein kurzes Stück auf der Tierparkstraße Richtung Isar und Tierpark und biegen direkt vor dem Isarkanal rechts in einen Radweg. Wir radeln entlang des Kanals und sehen rechts das Wohngebiet Isargärten, das 2011 fertiggestellt wurde.

Brücke über den Isarkanal bei Großhesselohe

Wir erreichen die Benediktbeurer Straße, bewundern rechts von uns das **Asamschlössl**, queren die Benediktbeurer Straße und halten uns auf dem Fuß- und Radweg, der leicht ansteigt. Unser Weg führt uns bis zur Prinz-Ludwigs-Höhe über die alte Bahntrasse der **Isartalbahn**, die hier zwischen 1890 und 1962 verkehrte, bis sie schließlich eingestellt wurde.

Oben angelangt, passieren wir Schranken und überqueren die Ludwigshöher Straße. Am Radwegende fahren wir rechts, passieren eine Umlaufsperre und fahren links auf der Knotestraße weiter entlang des Grünstreifens. Nach wenigen Metern erscheint auf der linken Seite ein **Tunnel**, den wir durchqueren. Hier verlassen wir die ehemalige Bahntrasse.

Am Ende der Straße radeln wir nach rechts auf die querende Hauptstraße. Wir fahren durch ein kleines Waldstück und biegen dahinter links auf eine zunächst geteerte Straße. Bei nächster Gelegenheit radeln wir rechts auf einen Schotterweg, bevor

Am Biergarten der »WAWI«, wie Einheimische die Waldwirtschaft liebevoll nennen, gibt es sogar Parkplatzmangel für Fahrräder.

die Straße steil bergab führt. Wir haben **Pullach** erreicht. Wir radeln sofort rechts durch einen Tunnel. Wer mag, kann hier einen kurzen Abstecher zur **Großhesseloher Brücke** machen und auf der Brücke weite Blicke ins Isartal genießen. Dazu würde man nicht durch den Tunnel, sondern geradeaus radeln.

Wir halten uns nach dem Tunnel rechts, beim nächsten Feldweg links und sind auf dem Weg zur **Waldwirtschaft Großhesselohe**. Sobald wir eine Straße erreichen, fahren wir kurz rechts und sofort wieder links in einen ausgeschilderten Waldweg. Dieser führt uns durch den **Pullacher Wald** und links vorbei am BND-Gelände.

Wir erreichen eine Straße, die in einen schmalen Hochweg übergeht. Hier haben wir einen schönen Blick auf die Isar, der uns für den Anstieg entlohnt. Wieder erreichen wir eine Straße, setzen unseren Weg hier links fort und halten uns anschließend links,

FORSTHAUS KASTEN

Herrlich grün gelegen ist das Forsthaus Kasten. Die großzügige Anlage lädt zu einem Zwischenstopp ein. Unter den schattenspendenden Kastanien im Biergarten lässt es sich gut entspannen. Für Kinder gibt es eine große Spiellandschaft.

Forsthaus Kasten, zwischen Neuried und Gauting, 82131 Gauting, Tel. 089/850 03 60, forst-kasten.de

bis uns die Straße schließlich zu einer Grünfläche führt. Auf dem Radweg setzen wir unsere Fahrt fort.

Wir können uns jetzt an einer **Kneippanlage** erfrischen oder auf einer Bank die herrlichen Blicke ins Isartal genießen. Der Radweg führt uns auf einer Brücke über die Carl-von-Linde-Straße. Hinter der Brücke halten wir uns links, folgen dem Weg dann immer geradeaus, verlassen Pullach und kommen wieder auf eine Straße, an der wir uns abermals links halten.

Nach kurzer Zeit erreichen wir den **Waldgasthof Buchenhain**. Wir halten uns rechts und biegen an den Gleisen rechts auf einen Fuß- und Radweg. Hier unterqueren wir die Bahntrasse, kreuzen die große Wolfratshauser Straße und radeln geradeaus in den **Forstenrieder Park**. Ab hier können wir auch den Schildern zum Forsthaus Kasten folgen.

Wir fahren immer geradeaus, unterqueren die Garmischer Autobahn, passieren das **Hexenhäusl** und biegen am Ende des Weges nach links ab. An der nächsten T-Kreuzung fahren wir links und nach nur wenigen Metern sofort wieder rechts.

Der Weg gabelt sich nach einiger Zeit. Hier fahren wir rechts, den nächsten querenden Waldweg links und abermals den näch-

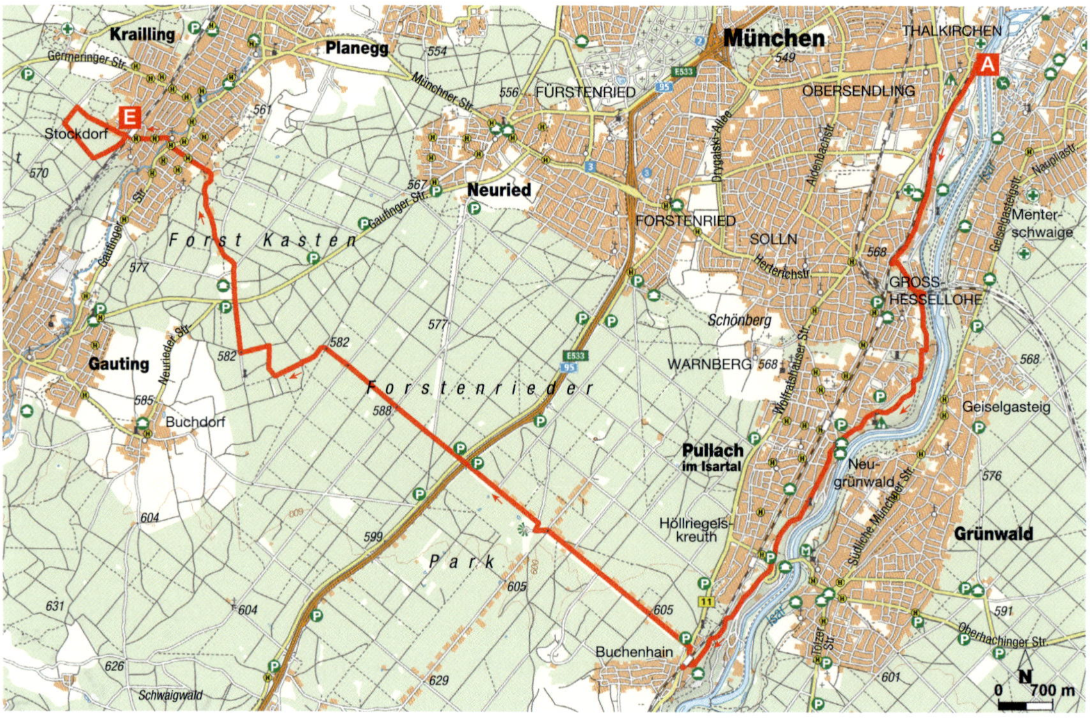

An der Isar in Thalkirchen finden sich schon früh die ersten Schwimmer ein.

sten querenden nach rechts. Nach kurzer Zeit gelangen wir an einen Wanderparkplatz am Rande des Forstenrieder Parks. Danach queren wir eine große Straße und fahren weiter Richtung **Forsthaus Kasten**, das nach kurzer Zeit auf unserer linken Seite erscheint.

Wir folgen dem geteerten Weg weiter geradeaus, fahren an einer Schranke vorbei und gelangen auf eine Straße. Hier können wir das Rad bergab laufen lassen. Wir erreichen so – auf der Forst-Kasten-Straße – schließlich **Gauting**. Wir kommen zu einer Ampel, überqueren hier die Hauptstraße und radeln weiter geradeaus auf der Bahnstraße. Diese führt uns über die Würm und durch eine Bahnunterführung. Wer mag, kann hier zur S-Bahn fahren.

Ansonsten radeln wir direkt hinter der Bahnunterführung links. Kurz nachdem wir die Siedlung verlassen haben und der Weg leicht von den Gleisen wegführt, können wir im Wald Hügel erkennen, alte **Keltengräber**.

Wir fahren den nächsten Waldweg rechts, nochmals rechts, abermals rechts und gelangen wieder zur S-Bahn-Station.

17

Vom ersten Geozoo zur Flößerstadt

VON THALKIRCHEN NACH WOLFRATSHAUSEN

Schwierigkeit Schwer

Weglänge 28 km, 3 Std.

Tourencharakter Zunächst auf hauptsächlich geteerten Wegen, dann auf mehr Schotter relativ flach bis zum Kraftwerk hinter der Grünwalder Brücke, dann teilweise stark an- und absteigend über Schotterweg bis zur Straße nach Schäftlarn, danach kurz Straße, wenn Dunkelheit droht, nicht beim Gasthof Zum Bruckenfischer nach rechts, sondern Kanal queren und dann bei nächster Gelegenheit rechts (s. Tour 12), ansonsten Waldweg. Vorsicht: Tour kann nicht abgekürzt werden.

Ausgangspunkt Tierparkstraße, Thalkirchen, U-Bahn-Station

Endpunkt Wolfratshausen, S-Bahn-Station

Karte Kompass Fahrradkarte »München und Umgebung« (2021), 1:70 000

Einkehr Ebenhausen: Klosterbräustüberl, Kloster Schäftlarn 16, Tel. 08178/3694, klosterbraeustueberl-schaeftlarn.de; Puppling: Gasthof Aujäger, Austr. 4, Mo/Di Ruhetag, Tel. 08171/78556, aujaeger-puppling.de

Information Stadt Wolfratshausen, Marienplatz 1, 82515 Wolfratshausen, Tel. 08171/2140, wolfratshausen.de

Die Isar flimmert auf unserem Weg. Die Auenlandschaft zeigt sich malerisch. Immer wieder tauchen schöne Biergärten am Wegesrand auf, deren Verlockung wir kaum widerstehen können. Nach den längeren Anstiegen verdienen wir uns einen Stopp im Klosterbiergarten Schäftlarn oder beim Gasthof Aujäger.

Wir starten heute an der Tierparkstraße nahe der U-Bahn-Station Thalkirchen. Zunächst radeln wir ein kurzes Stück auf dem Radweg Richtung Isar und überqueren sie. Die **Thalkirchner Brücke**, konzipiert als Holzraumfachwerk, wurde übrigens nach ihrem Bau 1992 mit dem deutschen Holzbaupreis ausgezeichnet. Ein Blick lohnt sich.

Bei gutem Wetter am Wochenende riechen wir mit ziemlicher Sicherheit Gegrilltes und radeln durch Rauchschwaden. Aber das soll uns nicht aufhalten. Direkt nach der Brücke biegen wir rechts auf den Schlichtweg ab und radeln auf dem Radweg entlang der Isar, die wir nicht sehen, die aber zu unserer Rechten fließt.

Auf unserer linken Seite befindet sich der Tierpark Hellabrunn, der erste **Geozoo** der Welt – wie er sich selbst nennt. Die Tiere leben in großzügigen Naturanlagen entsprechend ihrer geografischen Herkunft.

Wir passieren den Tierpark und sehen rechts eine Brücke, die über die Isar führt. Hier wenden wir uns allerdings kurz in die entgegengesetzte Richtung. Links am Hang sehen wir die **Marienklause**. Die kleine Kapelle wurde 1866 von dem Wassermeister Martin Achleitner errichtet. Er wollte damit der Mutter Gottes danken, die ihn – so war er überzeugt – vor Fluten und Hangabstürzen gerettet hatte.

Wir kehren um, setzen unseren Weg jetzt über die **Marienklausenbrücke** über die Isar fort, überqueren auch den Kanal und biegen vor dem alten Schleusenwärterhäuschen nach links ab.

Lustige Floßfahrt auf der Isar

Dem nächsten halb rechts verlaufenden Weg folgen wir und verlassen den Kanal. Rechts von uns befindet sich ein Golfplatz. Also Vorsicht vor fliegenden Bällen!

Wir erreichen jetzt den **Hinterbrühler See**. Hier können wir in dem kleinen Biergarten Seehaus, der direkt am Westufer des Sees liegt, unseren Durst stillen. Wer es traditioneller mag, kehrt beim Gasthaus Hinterbrühl ein, das dem Ex-Löwenpräsidenten Karl-Heinz Wildmoser bis zu seinem Tod gehörte.

Wenn wir den Hinterbrühler See über einen kleinen Isarkanal verlassen, radeln wir links auf die Conwentzstraße. Kurz nachdem die Straße zu einer Anliegerstraße wird, biegen wir links auf einen kleinen Feldweg, der entlang des Isarkanals führt. Wären wir jetzt etwas früher unterwegs, könnten wir hier mit etwas Glück Gaudifloße sehen.

Von der Ferne können wir schon eine große Stahlkonstruktion erkennen: die **Großhesseloher Brücke**. Jetzt haben wir **Pullach** erreicht.

Der ursprüngliche Bau der Großhesseloher Brücke von 1857 gehörte zu den prominentesten Ingenieurbauwerken des 19. Jahrhunderts im Königreich Bayern. Die Eisenbahnbrücke wurde allerdings 1985 vollständig durch einen Neubau ersetzt. Neben der Bahn kann sie auf einem separaten Weg auch von Radlern

Die Marienklause, eine Votivkapelle beim Tierpark

und Fußgängern genutzt werden. Wir fahren allerdings unter der Großhesseloher Brücke hindurch. Rechts von uns passieren wir einen kleinen Kiosk für eine Erfrischung.

Wir halten uns hier immer entlang des Isarkanals, auch am Großhesseloher Wehr. Letztlich erreichen wir eine große Autobrücke, die von Grünwald nach Pullach führt. Wir unterqueren sie. Rechts kommt die nächste Möglichkeit für eine Erfrischung, die Gaststätte Brückenwirt mit Biergarten.

Wir folgen dem Weg, bis wir zu einem **Kraftwerk** kommen. Hier fahren wir rechts auf die Straße, die nach oben führt, und danach in den ersten Waldweg, der links abzweigt. Er weist auch den Fußweg zum Kloster Schäftlarn. Wir kommen sehr schnell zu einer Kreuzung, wo sich links von uns Garagen befinden. Hier halten wir uns rechts. Ein Wegweiser verweist nach Hohenschäftlarn. Der folgende Weg ist etwas beschwerlicher. Wir fahren häufig auf Wegen mit lockerem Kies, immer wieder geht es – teilweise auch stark – nach oben und dann wieder etwas bergab. Wir halten uns auf dem breiten Hauptweg. Es gibt zwei Abschnitte, an denen wir direkt entlang der Isar fahren. Danach geht es kräftig bergauf.

Bei der nächsten größeren Weggabelung halten wir uns halbrechts Richtung Hohenschäftlarn. Ein Schild weist uns den Weg. Der Weg führt uns weiter nach oben. Nach einiger Zeit macht der Weg einen starken Rechtsknick, dem wir folgen. Links von uns sehen wir hinunter in eine Schlucht. Wir umradeln diese. Bei der nächsten Kreuzung verlassen wir den Weg nach oben Richtung Hohenschäftlarn und biegen links auf den Weg zum Kloster Schäftlarn ab, links sehen wir noch immer die Schlucht. Der Weg führt uns zunächst einmal wieder etwas bergab, um dann in stetigem Wechsel von Auf und Ab schließlich an der Autostraße zu enden, die von Hohenschäftlarn zum Kloster führt.

Wir biegen links auf die Straße und lassen es bergab laufen. So erreichen wir linker Hand das **Kloster Schäftlarn** und auf der rechten Seite den Klosterbiergarten Schäftlarn, in dem wir eine verdiente Rast machen können.

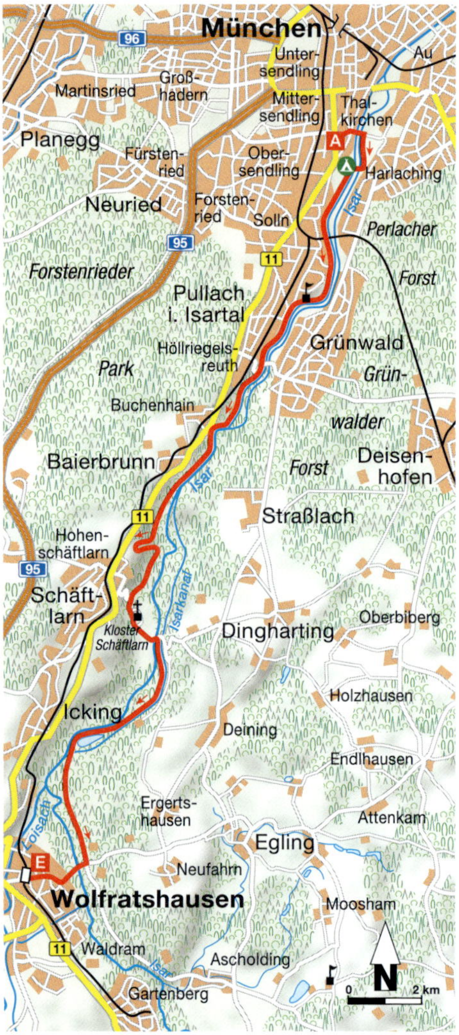

Unseren Weg setzen wir auf der Straße fort und verlassen Schäftlarn wieder. Wir überqueren die Isar und sehen rechts von uns den Gasthof Zum Bruckenfischer. Hier biegen wir nach rechts, fahren zwischen Freischankfläche und Gasthof hindurch, passieren den Parkplatz und folgen einem Feldweg, links von uns der Damm des Isarkanals, rechts von uns Bäume. Wir folgen dem Waldweg, der uns nach kurzer Zeit in eine leichte Rechtskurve führt. Links von uns befindet sich der **Isarstausee**, rechts von uns die Isar. Wenn es uns heiß ist und wir eine Abkühlung gebrauchen können, springen wir in das nasse Kühl des Stausees.
Auf unserem Weg kommen wir zum **Ickinger Stauwehr**, das wir

Kloster Schäftlarn

Das Kloster Schäftlarn blickt auf eine lange Vergangenheit zurück. Es ist eines der Urklöster, die in der ersten Christianisierungszeit Bayerns im 8. Jahrhundert nach Christus gegründet wurden. Der heutige Klosterbau geht auf den Graubündner Giovanni Antonio Viscardi zurück. Die Klosterkirche gilt als Juwel des Rokoko. Wer sich früh auf den Weg machen kann, hat die Möglichkeit, im Klosterladen Schnäpse und Spirituosen aus der Eigenproduktion der Abtei zu erwerben.

Der Prälatengarten im Kloster Schäftlarn

rechts von uns liegen lassen. Wir radeln links über eine Brücke, die uns wieder auf eine Teerstraße führt. Auf diese biegen wir rechts ein und folgen ihr. Dabei passieren wir die **Pupplinger Au**, eine Auenlandschaft, die sich über lange Zeit gebildet hat. Wenn wir den Wald verlassen, passieren wir rechts von uns den Gasthof Aujäger, wo wir unsere Tour enden lassen können. Vielleicht treffen wir einige Schlauchbootfahrer, die ebenfalls dort ihre Tour beenden.
Wenn Durst und Hunger gestillt sind, setzen wir unseren Weg fort, gelangen zu einer Landstraße, vor der wir rechts auf den parallel verlaufenden Radweg einbiegen. Wir überqueren die Isar und sehen direkt am Ende der Brücke die **Floßablegestelle**.
Wir folgen der Straße und passieren das Ortsschild nach **Wolfratshausen**. Direkt nachdem wir die Gleise überquert haben, fahren wir rechts in die Bahnhofstraße und erreichen den S-Bahnhof Wolfratshausen.

18 Rastplätze zwischen München und Bad Tölz

AUF DEN SANDBÄNKEN DER ISAR

Schwierigkeit Mittel

Weglänge 51 km, 4.30 Std.

Tourencharakter Ruhig und idyllisch entlang der Isar

Ausgangspunkt München, Tierpark Hellabrunn

Endpunkt Bahnhof Bad Tölz (BOB; Abfahrt nach München stündlich, Fahrtdauer: ca. 1 Std.)

Karte Kompass-Fahrrad-Tourenkarten Isarradweg FTK 7016, 1:50 000

Baden In der Isar

Einkehr Straßlach: s. Tour 12; Schäftlarn: Klosterbräustüberl, Kloster Schäftlarn 16, Tel. 08178/3694, klosterbraeustueberl-schaeftlarn.de; Gasthaus Aumühle, s. Tour 12; Puppling: Gasthaus Aujäger, Austr. 4, Tel. 08171/78556, aujaeger-puppling.de; Bad Tölz: z. B. Kolberbräu, Marktstr. 29, Tel. 08041/7688-0, kolberbraeu.de

Information Tourist-Information, Max-Höfler-Platz 1, 83646 Bad Tölz, Tel. 08041/78670, bad-toelz.de

Auf dem Weg zur traditionsreichen Stadt Bad Tölz treffen wir auf landschaftliche und kulinarische Highlights, durchqueren das einzigartige Naturschutzgebiet der Pupplinger Au und lassen uns dabei immer wieder von den Sandbänken an der Isar zu einem Picknick verführen.

Wir starten am Haupteingang des **Tierparks Hellabrunn** und richten uns nach der Beschilderung »Isar-Radweg«. Der schattige Radweg zwischen Tierpark und Isar unterhalb des Isarhochufers bringt uns kurz vor **Grünwald** an eine Weggabelung. Hier halten wir uns in einer steilen Spitzkehre nach links oben, mit der Beschilderung »Grünwald 1 km, Wolfratshausen 21 km«. Wir kommen auf die Zeillerstraße an der Burg Grünwald, radeln am Schloßhotel Grünwald und am Bürgerhaus vorbei und gelangen zur Hauptstraße, in die wir links einbiegen. An der großen Kreuzung biegen wir nach rechts und fahren gegenüber vom Friedhof in den Wald.

Der schnurgerade Weg bringt uns nach **Straßlach**. Am Ende des Wegs geht es in rasanter, steiler Abfahrt durch den Wald hinunter zum **Isarkanal**, wo wir an der stillen Kapelle nach links biegen. Unbedingt zu empfehlen ist jedoch der Schlenker nach rechts zum Gasthaus zur Mühle – ein ungemein idyllischer Biergarten mit einer urigen Stube direkt an der Floßrutsche erwartet den Besucher, und mit etwas Glück kann man auch noch vorbeikommende Flöße beobachten.

Auf dem asphaltierten Weg kommt man schnell voran und erreicht nach etwa einem Kilometer die **Aumühle**, die mit eigener Fischzucht fangfrische Forellen auf der Speisekarte hat. Ab hier beginnt das Naturschutzgebiet **Pupplinger Au**. In dem Auwald hat sich eine einzigartige Pflanzenwelt entwickelt: So findet man neben seltenen Graslilien, Wacholder und Glockenblumen auch Orchideenarten. Zudem sind hier als Vogelschutzbereich gekennzeichnete Kiesinseln an der Isar zu finden, die mittler-

Sandbänke laden zu einem Picknick ein.

weile seltenen Vögeln wie der Fluss-Seeschwalbe als Brutgebiet dienen. Nach Überquerung der Straße beginnt ein weiterer beschaulicher Abschnitt. Kleine Trampelpfade in Richtung Isar laden zu den Isarbänken und zu einer Badepause ein.

Die letzten Kilometer bis Bad Tölz verlaufen in stetem Auf und Ab, vorbei an Feldern, malerischen Weilern und mit traumhafter Sicht auf die Berge. Entlang der gepflegten Promenade fahren wir nach **Bad Tölz** hinein. Auch hier kann man sich zu einer gemütlichen Rast direkt an der Isar niederlassen und seinen Picknickkorb auspacken. Vor der Isarbrücke hat man bereits das perfekte Panoramabild auf die historische Häuserzeile und bei der Überquerung der selbigen einen einmaligen Blick in Richtung Süden zu den Bergen.

Haben wir die Brücke überquert, befinden wir uns auch schon in der malerischen

»In da Sommasonna
auf dem weißen Kies,
i sog eich, des is des
Isarflimmern mitten im Paradies,
Rolling Stones im Flussbett,
träumen von Lady Jane,
das Ufer träumt vom Liebespaar,
und s' Gebirg vom Jennerwein,
und da Fluss träumt von
Millionen Jahren …«

»Isarflimmern« von Willy Michl,
bayerischer Liedermacher

Marktstraße. Hier kommt der weltberühmte typisch oberbayerische Voralpenstil voll zur Geltung: Die großen Giebelhäuser, teils mit Lüftlmalerei versehen, reihen sich wie eine Perlenkette entlang der Fußgängerzone nach oben aneinander. Besonders schön ist z. B. das ehemalige Rathaus, in dem heute das Stadtmuseum untergebracht ist (Marktstr. 48, geöffnet Di–So 10–17 Uhr). Die barocke Kirche mit den Doppeltürmen thront linker Hand auf dem Kalvarienberg – ein Aufstieg lohnt sich schon allein des weiten Blickes ins Isartal wegen. Neben der Kirche steht die Leonhardikapelle, die seit 1856 Ziel der jährlichen

Picknicktipp

Radeln Sie nach der Isarbrücke von Bad Tölz noch ein Stück nach Süden weiter – auf den Kiesbänken findet man manch idyllisches Plätzchen.

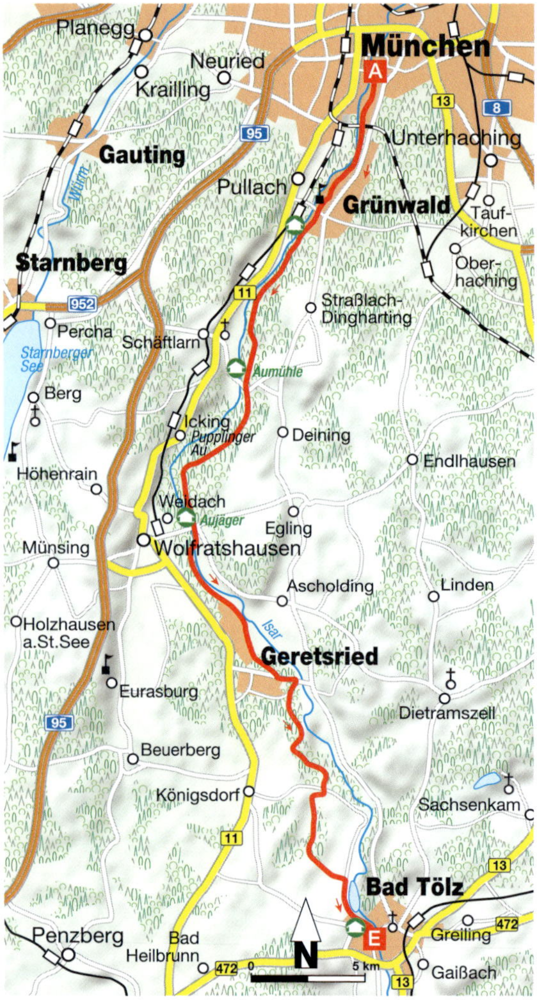

Leonhardiwallfahrt (6.11.) ist: Geschmückte Pferdegespanne, gelenkt von Tölzern in einheimischer Tracht, ziehen dann hinauf, umrunden zweimal die Kapelle und fahren wieder in die Marktstraße.
Die Fernsehserie »Der Bulle von Tölz« brachte der Stadt noch eine weitere landesweite Aufmerksamkeit: Pro Folge – immerhin 69 – sahen pro Sendung rund sechs Millionen Zuschauer Ottfried Fischer beim Lösen seiner Kriminalfälle zu. Zu Ehren der Serie befindet sich am Max-Höfler-Platz der »Bullenbrunnen«, der mit den fünf Hauptfiguren der Serie geschmückt ist.
Mit der Bayerischen Oberlandbahn können wir anschließend vom Bahnhof aus wieder zurück nach München fahren.

Links: Typische Bad Tölzer »Skyline«

Gaudi an der Floßrutsche beim Gasthaus zur Mühle

Kurze Geschichte von Bad Tölz

Durch Kaiser Ludwig den Bayern bekam Tölz 1331 sein Marktrecht verliehen. Zu dieser Zeit entstanden auch die Handwerksbetriebe, allen voran die Flößerei, die der Stadt ihren Wohlstand brachte. Als billiges Beförderungsmittel konnten alle Handelsgüter bis München und weiter transportiert werden. 1453 zerstörte ein gewaltiges Feuer den gesamten Ort, die Marktstraße, die Kirche und das Schloss. Mit herzöglicher Hilfe gelang schnell ein Wiederaufbau. Ein weiterer wichtiger Wirtschaftszweig war das Braugewerbe – 1721 besaß Bad Tölz 22 Brauereien. Hinzu kam das Kistlerhandwerk, wie bemalte Truhen, Schränke, Mobiliar im Allgemeinen – heute noch in aller Welt berühmt und teuer, etwa der Original-Tölzer Bauernschrank. 1845 entdeckte man zudem eine Jodquelle, 1899 bekam der Ort den Zusatz »Bad«, und 1906 wurde er zur Stadt erhoben. Seit 1969 ist Bad Tölz als offizieller »Heilklimatischer Kurort« ausgewiesen.

Durch Filz- und Moorlandschaften

IDYLLE ZWISCHEN PENZBERG UND BAD HEILBRUNN

Schwierigkeit Mittel

Weglänge 38 km, 4 Std.

Zusatztour München/Pasing–Iffeldorf 56 km

Tourencharakter Ruhige, idyllische Sträßchen und Forstwege; zweimal kurz auf der Hauptstraße (vor Unterbuchen und in der Langau) in munterem Auf und Ab

Ausgangspunkte München-Pasing oder Iffeldorf (RB)

Endpunkt Iffeldorf

Karte Kompass-Wandern und Rad München und Umgebung WK 184, 1:50000; Kompass-Wandern und Rad Murnau, Kochel WK 7, 1:50000

Baden Eitzenberger Weiher, Unterbuchner Weiher, Schönauer Weiher, Osterseen

Einkehr Penzberg: Hoislbräu, Promberg 1, Tel. 08856/ 901 73 30, hoisl-braeu.de; Bad Heilbrunn: RamsAu, Ramsau 6, Tel. 08046/1481, ramsau-das-gasthaus.de; Café Kolb, s. Kasten; Penzberg: Café Extra, Vordermeir 2, Tel. 08856/93 50 40, extra-penzberg.de

Information Rathaus, Karlstr. 25, 82377 Penzberg, Tel. 08856/ 81 30, penzberg.de

Die ruhige, beschauliche Tour führt durch die Filze zwischen Penzberg und Bad Heilbrunn. Moorweiher laden zum Baden ein, schöne Einkehrmöglichkeiten liegen am Weg – und nein, man schaut sich nicht gerade eine Kitschpostkarte aus Bayern an. Die Panoramaansichten mit Bergen, Wiesen, kleinen Seen und Kirchen sind ganz real.

Wer von München-Pasing starten möchte, hält sich bei der Orientierung an die Beschreibung bei Tour 8 – hat dann allerdings auch schon 56 Kilometer hinter sich, bis er die hier beschriebene Tour beginnt.

Wir starten in **Iffeldorf** am Bahnhof, unterqueren die Gleise und biegen rechts in die Hauptstraße ein. Kurz vor der Autobahn weist ein Schild nach links zum »Hoislbräu«. Wir fahren auf der kleinen Teerstraße leicht bergauf, überqueren die Autobahnbrücke und erblicken schon bald linker Hand unsere erste Rastmöglichkeit. Eingebettet in eine herrliche Moor- und Schilflandschaft liegt hier der **Eitzenberger Weiher**, dessen Liegewiese und ein Steg zu einer ersten Picknickpause einladen. Das moorige Wasser lässt nicht bis zum Grund blicken, und so sieht man die dicken Karpfen nicht, die hier zu Hause sind.

Vorbei an kleinen Weihern mitten im Wald schlängelt sich die Straße aufwärts, bis sie den höchsten Punkt erreicht hat. Hier wird man mit einem Panoramablick auf die Benediktenwand und auf die vereinzelten Höfe und Bauernwiesen ringsherum belohnt. Wir radeln durch das Gehöft und haben nun die Möglichkeit, nach links einen Abstecher zum »Hoislbräu« zu unternehmen. Die Lage des Biergartens ist einzigartig und hat schon manchen Radler seine Tour vorzeitig hier beenden lassen.

Geradeaus geht es durch den idyllischen Weiler **Nantesbuch** und an der Kirche vorbei, bevor man zur Hauptstraße hinabsaust. Nur wenige Meter auf dem Radweg nach links, dann

Eine traditionell bayerische Wirtschaft: die Ramsau

geht's rechts über die Hauptstraße Richtung Hohenbirken. Eine kleine Brücke führt über die sanft dahinplätschernde Loisach, und wir fahren weiter leicht bergauf zum Aussichtspunkt namens »**Fletzen**«.

Nach dem Hof mit eigener Kapelle nehmen wir den nächsten Kiesweg nach links und setzen unsere beschauliche Fahrt durch die Filzlandschaft fort. Wir halten uns an das Schild, das rechts nach Bad Tölz und Schönrain leitet, und müssen an der Hauptstraße uns ein Stück bergauf den Weg mit den Autos teilen. Oben angekommen, weist ein Schild rechts zum »Tölzer Alpaka-Shop«. Wer Interesse hat, kann hier kurz in den Hof einbiegen. Hinter dem Haus weidet die Alpakaherde und blickt den Besuchern zutraulich entgegen (Infos unter toelzer-land-alpakas.com).

Kunstwerke aus Filz

Kunsthandwerklich fein ausgeklügelt, stellt Frau Thoma im »Taschenstüberl« ihre handgemachten Taschen und Gürtel aus Filz im Gartenhäuschen aus – besonders gut geeignet fürs Dirndl und die Lederhose.

Taschenstüberl, Unterbuchen 8, 83670 Bad Heilbrunn, Tel. 08046/307, thoma-taschen.de

Auf der Hauptstraße verbleiben wir noch einige Meter. Rechter Hand sehen wir den **Unterbuchner Weiher**, der früher als Badeweiher mit eigenem Moorschlammloch ein beliebter Treffpunkt war. Heute ist das Loch völlig verlandet und der Badesee über

einen Bauernhof zugänglich. An der nun folgenden Kreuzung geht es nach rechts, am »Taschenstüberl« vorbei.
Wir radeln durch **Oberbuchen**, halten uns an den Wegweiser Richtung Ramsau und fahren an der gleichnamigen Wirtschaft vorbei. (Ramsau bedeutet die Au, wo der Bärlauch wächst und so sind hier im Frühjahr die sogenannten Ramstage angesagt.) Idyllisch geht's entlang des Stallauer Bachs, dann nehmen wir die erste Abfahrt nach links zum **Schönauer Weiher**, der sich als weiterer wunderbarer Picknick- und Badeplatz anbietet.
Am Café Kolb (siehe Kasten) vorbei gelangen wir in die **Langau**. Hier müssen wir wieder aufpassen, denn ein Stück fahren wir nun auf der Verkehrsstraße weiter, radeln dann gerade über den Kreisel und kommen, vorbei an den Fischweihern, zu einer weiteren Hauptstraße. Wir überqueren diese und fahren auf dem Radweg rechts hinunter nach **Schönmühl** und wieder hoch zur

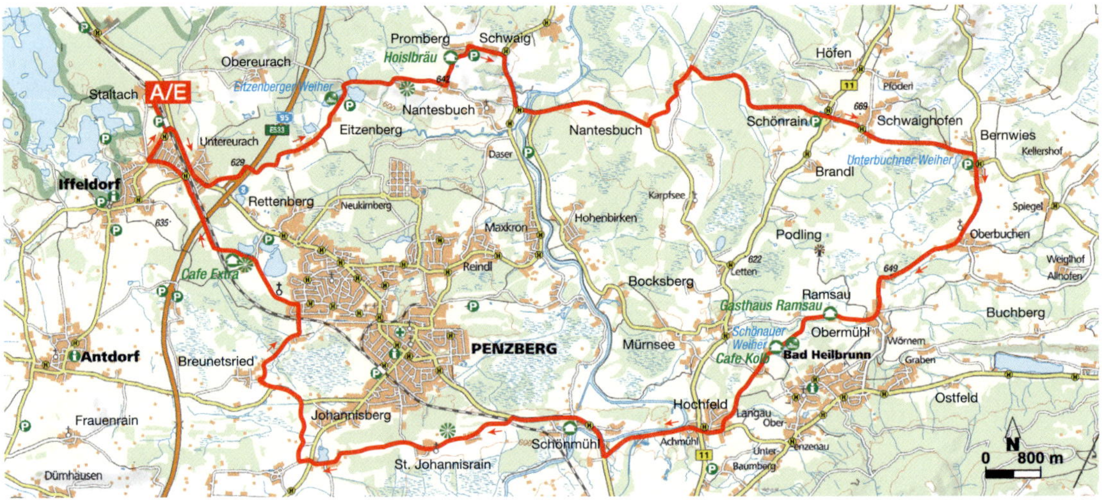

Hauptstraße, wo wir den nächsten Weg links Richtung Johannisrain einschlagen. Und wieder gelangen wir in eine Landschaft mit Kitsch-Postkartencharakter: ein kleines weißes Kircherl auf einer grünen Wiese, dahinter die Bergkette rund um die Benediktenwand und den Herzogstand – fast zu schön, um wahr zu sein.
Beim **Riederer Weiher** überqueren wir die Hauptstraße, fahren geradeaus auf den Feldweg, biegen rechts ab und schlängeln uns hinunter zur Hauptstraße, der wir wenige Meter nach links folgen, um dann rechts nach **Breunetsried** zu fahren. Keine Sorge, der vor uns liegende Berg muss nicht erklommen werden: Gleich

zu Beginn wenden wir uns scharf nach rechts, radeln an einem Pferdegestüt vorbei und erreichen die Bahngleise, die **Penzberg** mit dem Rest der Welt verbinden. Es geht über die Gleise, links in die Wohnsiedlung und auf dem asphaltierten Weg über Wiesen, vorbei an einer kleinen Kapelle, zu einem weiteren Aussichtspunkt. Auf der Terrasse am Café Extra kann man noch einmal das Panorama genießen. Noch ein paar Meter Richtung Campingplatz fahrend, nehmen wir schließlich den schmalen Pfad nach links, der zu den Bahngleisen führt, die am Übergang vorsichtig überquert werden müssen. Dann biegen wir nach rechts und radeln parallel zu den Schienen wieder zurück nach **Iffeldorf**.

Café Kolb

Im Café Kolb am Schönauer Weiher sind Stühle und Tische bunt auf der grünen Wiese verteilt. Der selbst gemachte Kuchen, die familiäre Atmosphäre und die Aussicht sind einen Besuch wert.

Café Kolb, Schönau 3, 83670 Bad Heilbrunn, Tel. 08046/218; Fr–So geöffnet

Wirtsgarten im Grünen: das Café Kolb am Schönauer Weiher

20 Unterwegs im Blauen Land

PICKNICK IM MURNAUER MOOS

Schwierigkeit Mittel

Weglänge 37 km, 4.30 Std.

Zusatztour München/Pasing–Iffeldorf 56 km; Staffelsee-Runde 17 km

Tourencharakter Zwischen Antdorf und Habach auf der Landstraße ohne Radweg; nach Murnau teils steile Anstiege

Ausgangspunkte München-Pasing oder Iffeldorf (RB)

Endpunkt Murnau (nach München stdl. mit der RB, Fahrtzeit ca. 1 Std.; nach Iffeldorf stdl. mit der RB mit Umstieg in Tutzing, Fahrtzeit ca. 1.20 Std.)

Karte Kompass-Wandern und Rad München und Umgebung WK 184, 1:50 000; Kompass-Wandern und Rad Murnau, Kochel WK 7, 1:50 000

Baden Staffelsee

Einkehr Murnau: Ähndl, Ramsach 2, Tel. 08841/ 52 41, aehndl.de; Schwaigen: Café Habersetzer, Aschauer Str. 1, Tel. 08841/498 55, cafe-habersetzer.de; Murnau: Café Krönner, Obermarkt 8, Tel. 08841/1272, kroenner-murnau.de

Information Tourist-Information, Untermarkt 13, 82418 Murnau, Tel. 08841/47 62 40, murnau.de

Die Genießer-Tour ins »Blaue Land«, das größte und ursprünglichste Moorgebiet des nördlichen Alpenvorlands, ist ein Erlebnis für die Sinne: blaue Berge, blaue Seen, blauer Himmel und eine zu jeder Jahreszeit anders eingefärbte Moorlandschaft, dazu traumhafte Picknickplätze und malerische Biergärten.

Wir können zwar in München starten, die für diese Tour typische Landschaft beginnt jedoch bei **Iffeldorf** (bei einem Start in München halten wir uns an die Beschreibung von Tour 8). Wir verlassen Iffeldorf in südlicher Richtung und müssen ein Stück an der Landstraße entlang nach **Antdorf** und weiter nach **Habach** radeln. Diese Strecke erfordert Aufmerksamkeit, denn gerade am Wochenende sind doch einige Autofahrer unterwegs.

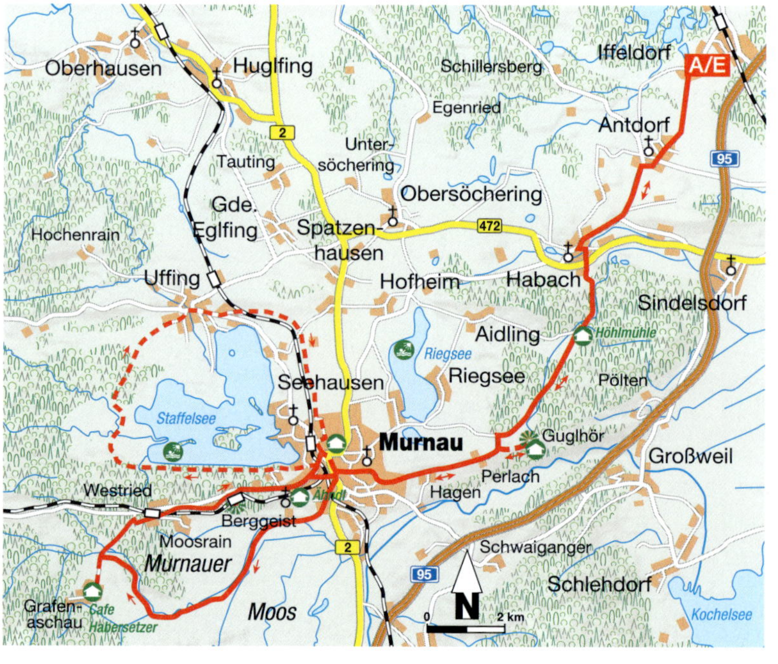

Rittersporn mit Blick im Café Habersetzer in Grafenaschau

In Habach geht es links in die Dürnhauser Straße und rechts in die Höhlmühler Straße, die unter der Staatsstraße hindurchführt. Nun folgt ein längerer Anstieg durch waldreiches Gebiet. Mittendrin, in einer Senke, steht das historische Forsthaus Höhlmühle. Weiter schlängelt sich die Straße bergauf, bis links, mitten im dichten Wald, eine kleine Straße nach **Gugelhör** aufwärts führt. (Das Schild ist nur aus der anderen Richtung kommend zu sehen.) Am Ende der Straße biegen wir nach rechts.

Panorama der Extraklasse

Ein kleiner Abstecher nach links zum Biergarten auf der Guglhör ist wegen der atemberaubenden Aussicht ein Muss! Bergwirtschaft Guglhör, Guglhör 1, 82418 Riegsee, Tel. 08841/6260022

Nun sausen wir mit Blick auf Murnau bergab durch die kleinen Weiler **Perlach** und **Hagen** und landen in der wunderschönen Altstadt von **Murnau**. Die hübsche Fußgängerzone mit einladenden Cafés und Geschäften ziert die Architektur des Münchner Stararchitekten Emanuel von Seidl. Bunte Giebelhäuser reihen sich wie auf einer Perlenkette aneinander, dabei

Das Ramsachkircherl im Moos

hat man den Blick frei auf die Hohe Kiste und den Krottenkopf. Nicht zu glauben, dass bis 1972 durch diese Straße der gesamte Verkehr von München nach Garmisch floss! Am Ende der Fußgängerzone geht es am Untermarkt geradeaus und vorbei am Hotel Angerbräu zur Hauptstraße. Hier fahren wir rechts bis zur Ampel, überqueren dort die große Straße und fahren geradewegs in die Mühlstraße. Gleich rechts könnten wir einen Abstecher zum Münterhaus machen (s. Kasten); ansonsten geht's geradewegs hinunter ins Moor. Teilweise genießt man dabei

Der »Blaue Reiter«

Durch die Murnauer Landschaft wurden um die Jahrhundertwende einige Künstler zu weltberühmten Werken inspiriert. So lebte hier Ödön von Horváth, der in den einheimischen Gasthäusern Eindrücke für seine Stücke sammelte. Weltberühmt sind auch die Expressionisten der Gruppe »Blauer Reiter«, allen voran Wassily Kandinsky, der mit Gabriele Münter von 1910–14 im sogenannten Russenhaus wohnte und hier den Sprung zur abstrakten Malerei vollzog. Heute öffentlich zugänglich ist das Münterhaus mit der Originaleinrichtung (Kottmüllerallee 6; geöffnet Di–So 14–17 Uhr). Ebenso kann das Schlossmuseum mit einer umfangreichen Sammlung des »Blauen Reiters« besichtigt werden (Schloßhof 2–5; geöffnet Di–So 10–17 Uhr).

schon tolle Ausblicke, bis man schließlich unten, vorbei am Wanderparkplatz, das »Ähndl« erreicht.

Weiter geht's über die kleine Brücke und rechts auf dem Weg durchs **Murnauer Moos**. Die beschauliche Fahrt endet bei einer T-Kreuzung: Links kann man nach Grafenaschau zum Café Habersetzer radeln und seinen Kaffee- und Kuchenhunger im Garten stillen.

Wer gleich weiter möchte, fährt rechts hoch, biegt vor der Hauptstraße rechts in die Graf-Alban-Straße und folgt dieser, bis linker Hand ein Drehkreuz über die Bahnschienen zeigt. Vorsichtig geht es hier hinüber, dann auf dem Wiesenweg zur Hauptstraße und auf dem Radweg Richtung Murnau.

Nach etwa 700 Metern, beim »**Berggeist**«, sollte man einen kleinen Schlenker machen: über die Hauptstraße, an dem schönen Haus vorbei, über die Bahnschienen (Bahnhof Berggeist) und rechts in den Wald. Nach 100 Metern liegt uns das gesamte Murnauer Moos zu Füßen, dazu ein Alpenpanorama vom Hörnle bis zum Herzogstand. Die Hütte mit Sitzplätzen und übersichtlicher Panoramakarte lädt zu einem ausgiebigen Picknick ein.

Die weitere Fahrt ergibt sich: zurück zur Hauptstraße, auf deren Radweg man bis in die Innenstadt Murnaus geleitet wird. Zwischendrin öffnet sich der Blick auf den Staffelsee. Radelt man entlang der Hauptstraße und biegt links in die Seestraße ein, kann die Tour durch die Umrundung des **Staffelsees** ergänzt werden.

Die Gaststätte Ähndl

Ähndl = Ahne

Das »Ähndl« ist eine der schönsten Wirtschaften in Oberbayern, mit Biergarten unter Kastanien mit Blick ins Moos und auf die Gebirgsketten bis zur Zugspitze. Das Ramsachkircherl daneben, auch »s'Ähndl« genannt, wacht seit uralten Zeiten über das Moor. Einst keltische Kultstätte, dann im 7. Jh. von einem iro-schottischen Wandermönch gegründet, später Pestkapelle und Friedhof der Murnauer, enthält es heute eine der ältesten Kirchenglocken Europas.

21 Von Schicksalsgöttinnen und Keltenschanzen

ZU GEHEIMNISVOLLEN PLÄTZEN UM LEUTSTETTEN

Schwierigkeit Mittel

Weglänge 40 km, 4 Std.

Tourencharakter Waldwege und ruhige Straßen, kleine Steigung vor Leutstetten

Ausgangs-/Endpunkt München-Pasing

Karte Kompass-Fahrradkarten Deutschland Münchens Süden–Starnberger See–Ammersee, FK 3120, 1:70 000; Kompass-Wandern und Rad München und Umgebung WK 184, 1:50 000

Einkehr Zwischen Neuried und Gauting: Forsthaus Kasten, Tel. 089/850 03 60, forst-kasten.de; Leutstetten: Schlossgaststätte, Altostr. 11, Tel. 08151/ 81 56, hs-gaststaetten.de

Information Region Starnberg Ammersee, gwt Starnberg GmbH, Hauptstr. 1, 82319 Starnberg, Tel. 08151/90 60 12, starnbergammersee.de

Diese Tour steckt voller Mystik: Nach dem geschichtsträchtigen Forsthaus Kasten und der einsamen Preysingsäule mitten im Wald geht's zur beeindruckenden Keltenschanze von Buchendorf, ein Relikt aus vorchristlicher Zeit, und nach Leutstetten zu den »3 Bethen«, germanische Schicksalsgöttinnen, die bis heute verehrt werden.

Von **Pasing** startend, fahren wir an der Würm entlang (s. Tour 8) bis **Planegg**. An der großen Kreuzung der Bahnhofstraße biegen wir links ab und halten uns strikt an die Ausschilderung »**Forst Kasten**«. An diesem Wohlfühlort haben sich bereits im 13. Jahrhundert Genesende des Münchner Heilig-Geist-Spitals erholt. Heute legt man in dem schönen Biergarten mit Spielplatz gern eine Pause ein, bevor man seinen Weg fortsetzt. Selbst Mitgebrachtes darf hier verzehrt werden.

Wir überqueren die Hauptstraße, radeln geradewegs in den Wald und kommen nach etwa einem Kilometer mitten im Wald zur vier Meter hohen **Preysingsäule**. 1735 stürzte hier der Großkanzler Max Emmanuel von Preysing bei einer Jagd vom Pferd – zum Dank für die vollständige Genesung ließ der Kurfürst das Denkmal errichten. Ein seltsam einsamer Ort, der zum Verweilen einlädt. An der folgenden Kreuzung im Wald nehmen wir den Weg nach rechts und erreichen **Buchendorf**, wo wir schon von Weitem die gewaltige **Keltenschanze** entdecken. Wir stellen das Fahrrad ab und legen den kurzen Weg dorthin zu Fuß zurück. Zu einer Rast laden die angrenzenden Wiesenflächen oder die kleine Bank mit Blick auf die Schanzen ein.

Wir fahren geradeaus weiter und kommen nach Buchendorf. An der Kirche vorbei geht es links in den Leutstettener Weg Richtung Starnberg/Wangen. Auf dem Teersträßchen verlassen wir den Ort und biegen nach rechts Richtung **Leutstetten** ab, wo uns die Schlossgaststätte mit herrlich schattigem Biergarten zum Verweilen einlädt.

Bei Kindern und Erwachsenen beliebt: das Forsthaus Kasten

Die Kirche **St. Alto** beherbergt ein Bild der »3 Bethen«. Bei diesen heiligen drei Frauen handelt es sich um eine Dreiergottheit aus uralter Zeit, Nachfolgerinnen der germanischen Nornen und Schicksalsgöttinnen, die über Geburt, Leben und Tod bestimmen.

Nach dem Wald trifft man auf die Hauptstraße nach Starnberg und fährt nach links auf den Radweg. Nach wenigen Metern zweigt rechts ein kleiner Schotterweg in den Wald ab.

Wir folgen dem Weg bis zur Straße, fahren nach rechts, überqueren die Würm, biegen links auf den Radweg neben der Hauptstraße und dürfen diese gleich wieder rechter Hand über den Parkplatz der Gaststätte Mühltal verlassen. Es folgt eine wunderschöne Fahrt entlang der verträumten **Würm**, die immer wieder romantische Rastplätze für uns bereithält. Nachdem sich der Wald gelichtet hat, radeln wir durch weite Wiesen und Felder und vorbei an der Reismühle, in der angeblich Kaiser Karl der Große das Licht der Welt erblickte. In **Gauting** fahren wir an der Hauptstraße nach links über die Würm, biegen gleich wieder rechts in die Grubmühlerfeldstraße und fahren nun wie bei Tour 8 in entgegengesetzter Richtung beschrieben zurück nach München-Pasing.

22

Radl-Wallfahrt zum Heiligen Berg

DURCHS FÜNF-SEEN-LAND ZUM KLOSTER ANDECHS

Schwierigkeit Mittel

Weglänge 37 km, 3.30 Std.

Zusatztour München/Pasing–Weßling 21 km

Tourencharakter Größtenteils auf ruhigen Radwegen, hügelig

Ausgangspunkte Bahnhöfe Pasing oder Weßling (S8)

Endpunkt Bahnhof Weßling (S8)

Karte Kompass-Fahrradkarten Deutschland Münchens Süden–Starnberger See–Ammersee, FK 3120, 1:70 000; Kompass-Wandern und Rad München und Umgebung WK 184, 1:50 000

Baden Weßlinger See, Ammersee, Pilsensee

Einkehr Weßling: Kiosk am See, direkt am See; Kloster Andechs, s. Kasten; Strandbad Pilsensee, Seestr. 68, Tel. 08152/998 63 83, strandbad-pilsensee.de; Herrsching: Seehof, Seestr. 58, Tel. 08152/93 50, direkt am Dampfersteg, seeehof-ammersee.de, tgl. 7–22 Uhr

Information Tourist-Information, Bahnhofplatz 12, 82211 Herrsching, Tel. 08152/37 40, herrsching.de; Region Starnberg Ammersee, gwt Starnberg GmbH, Hauptstr. 1, 82319 Starnberg, Tel. 08151/90 60 12, starnbergammersee.de

Ein Sonntagsausflug zum »Heiligen Berg« – wie kam es zu diesem Beinamen? Die Tour führt von München, wahlweise von Weßling, zum ältesten Wallfahrtsort Bayerns. Dabei streift man durch die herrlich weite und hügelige Landschaft zwischen vier Badeseen.

Wer in München starten möchte, hält sich an den AR (Ammersee-Radweg) oder fährt durch den Wald über Oberpfaffenhofen (siehe Karte). Alle anderen beginnen diesen Ausflug am Bahnhof von **Weßling**, von wo aus wir in die Untere Seefeldstraße und über sie direkt zum **Weßlinger See** fahren. An Badestelle und Kiosk vorbei geht's über die Ettenhofener Straße Richtung Hochstadt. Vor dem Ort führt rechts ein Weg ins Krontal, der an der Hauptstraße bei der Firma Espe endet. Hier biegen wir nach links und fahren auf der Straße nach **Unering** und weiter über **Drößling** nach **Frieding**.

Nach Frieding nehmen wir den Radweg an der Hauptstraße und biegen rechts, ausgeschildert, auf einen wunderschönen Schotterweg, der uns über offene Felder zum weltberühmten **Kloster Andechs** bringt.

Einst hatte das einflussreiche Grafengeschlecht von Dießen-Andechs auf der Burg seinen Stammsitz. Im 10. Jahrhundert brachte Graf Rasso, ein Mitglied der Familie, von einer Pilgerfahrt ins Heilige Land wertvolle Reliquien mit. Wenn diese in direktem Zusammenhang mit Christus stehen, sind sie besonders wertvoll – und solch »Herrenreliquien« brachte Graf

Heiliges im Kloster Andechs

Das Dreihostienfest findet jährlich am 4. Sonntag nach Pfingsten statt; dabei werden die drei Hostien in einem goldenen Schrein und in einer feierlichen Prozession um den Heiligen Berg getragen. Die »Heiltümer« werden heute in der »Heiligen Kapelle« aufbewahrt und im Rahmen von Kirchenführungen gezeigt.

Rasso mit: Partikel aus der Dornenkrone Christi, ein Holzstück des Kreuzes und ein Teil des Schweißtuchs, außerdem diverse Reliquien von Märtyrern und Heiligen. Im 13. Jahrhundert ging das einst so mächtige Grafengeschlecht unter, Burg und Burg-

Steckerlfisch in Andechs – mmh!

kapelle wurden zerstört, der Schatz galt als verloren. Der Sage nach zerrte 1388 eine Maus während der Messe einen Zettel aus einem Loch hervor, der zu den Reliquien des Grafen Rasso führen sollte, und tatsächlich: Unter dem Altar der Burgkapelle fand man das »Heiltum«. Darunter auch die »Heiligen drei Hostien«, die auf Papst Gregor den Großen (†604) und auf Papst Leo IX. (†1054) zurückgehen. Während einer Messe, die Papst Gregor zelebrierte, zeigten zwei der Hostien rote Blutspuren – ein Zeichen, dass das Blut Christi im Brot weilte, dass Gott im Brot bei den Menschen ist. Der Pilgerstrom wurde ob dieses Fundes so groß, dass der Wittelsbacher Herzog Albrecht III. das Benediktinerkloster Andechs gründete, um die Wallfahrer aufzunehmen, zu versorgen und den Schatz in sicheren Händen zu wissen. Die Reliquien wurden dabei den frommen Menschen vom Fenster der Hedwigskapelle aus gezeigt. Die Hoffnung der Pilgernden war groß, was noch heute an den Votivtateln zu sehen ist – man bat um Gesundung, um eine gute Ernte, dass Haus und Hof von Feuer verschont blieben, oder man dankte für die Geburt eines gesunden Kindes. Von der Säkularisation (1803) blieb das Kloster weitgehend verschont, da es mittlerweile so einen starken wirtschaftlichen Faktor für die Region darstellte, dass man die Wallfahrerströme nicht abreißen lassen wollte. Dieser wirtschaftliche Erfolg, vor allem der Klosterbrauerei, ist bis heute erhalten geblieben, und das Kloster erhält keine Mittel aus Kirchensteuern. Die Benediktinermönche unterstützen mit den Erträgen das pastorale, soziale und kulturelle Leben der Abteien Andechs und München.

Die goldene Mariensäule in Herrsching

Andechser Bräustüberl

Auf der großen Terrasse finden etwa 1000 Menschen Platz, und beinahe ebenso viele können im Gewölbe, im Bräustüberl und in den diversen Sälen sitzen. An schönen Tagen muss man trotzdem nach einem freien Platz suchen. Das Andechser Bräustüberl pflegt ganz bewusst seine jahrhundertealte Tradition als Pilgerstätte, und so kann der Besucher auch ruhig seine eigene Brotzeit mitbringen, wenn er dazu das süffige Andechser Klosterbier zu sich nimmt.

Kloster Andechs, Bergstraße 2, 82346 Andechs, Tel. 08152/3760, andechs.de

Wir verlassen Andechs auf der Kientalstraße. Der traumhafte Weg durch den Wald – nebenan plätschert das Bächlein – führt bergab durchs wunderschöne **Kiental** nach **Herrsching**.
Vom Dampfersteg radeln wir zum Bahnhof, wo ein Schild Richtung Pilsensee weist. Wir orientieren uns an den Bahngleisen und gelangen auf der schmalen Seestraße zum Strandbad am Ufer des **Pilsensees**. Nach dem Baden radeln wir auf der In-

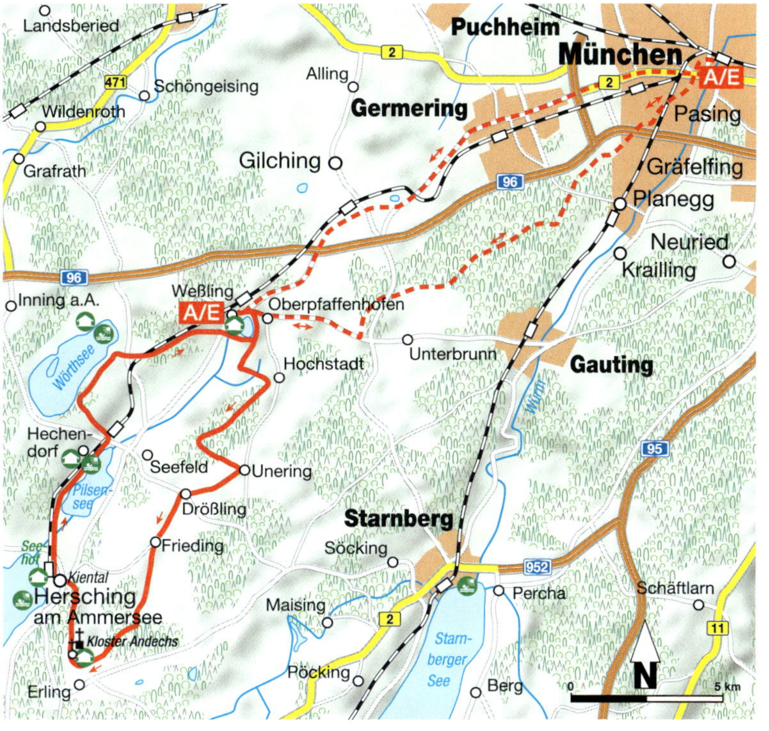

Wolkenstimmung am Dampfersteg von Herrsching

ninger Straße kurz links den Berg hinauf, biegen gleich rechts in die Günteringer Straße und orientieren uns nach etwa 200 Metern am Schild Richtung Steinebach. Es folgt ein leicht hügeliger, aussichtsreicher Panoramaweg durch bäuerliches Hinterland. Den **Wörthsee** streifen wir nur kurz – auch hier kann man direkt am Kiosk ein Päuschen einlegen.
Der weitere Weg führt rechts in die Dorf-, dann über die Haupt- in die Weßlinger Straße, deren Verlauf wir folgen und entlang der Gleise fahren. Nach ca. 500 Metern radeln wir rechts über eine Brücke und auf schattigen Wegen zurück nach **Weßling**. Den Rückweg nach München können wir dann mit der S-Bahn gestalten oder auf dem »AR« (Ammersee-Radweg) nach Pasing fahren.

Rast unterm »Marterl«

Entdecker-touren

23 Arbeiterviertel und Vergnügungsareal

ÜBER GIESING, RAMERSDORF UND HAIDHAUSEN

Schwierigkeit Leicht

Weglänge 19 km, 2 Std.

Tourencharakter Meistens verkehrsarme Straßen, einzelne Abschnitte auf Radwegen entlang an Hauptstraßen. Anstieg beim Nockherberg, ansonsten flach

Ausgangs- und Endpunkt Kolumbusplatz U-Bahn

Alternativer Endpunkt Bahnhof Giesing (ca. 10 km Gesamtstrecke)

Karte Kompass Fahrradkarte »München und Umgebung« (2021), 1:70 000

Einkehr Wirtshaus in der Au, Lilienstr. 51, Tel. 089/448 14 00, wirtshausinderau.de

Information Landeshauptstadt München, Referat für Arbeit und Wirtschaft, Tourismus, Sendlinger Str. 1, 80331 München, Tel. 089/23 39 65 00, muenchen.de

Giesing galt früher als Arbeiterviertel und wir radeln bei unserer Tour auch an Arbeiterhäusern des 19. Jahrhunderts vorbei. Doch heute verändert sich sein Charakter und es ist bereits ein neues Wohnareal entstanden. Eindrücke von einer ehemaligen NS-Mustersiedlung und dem alten Ortskern von Ramersdorf runden die Tour ab.

Wir starten am **Kolumbusplatz** am Ausgang der U-Bahn-Station. Vor dem Alten- und Servicezentrum können wir noch kurz die Skulptur »Garderobenständer« bewundern. Wir fahren in die Nockherstraße ein. Vorbei an alten Häusern auf unserer rechten Seite, führt sie uns leicht nach oben und mündet in die Straße **Am Nockherberg**. Hier fahren wir rechts auf den Radweg. Oben bei der nächsten Kreuzung biegen wir rechts ab und

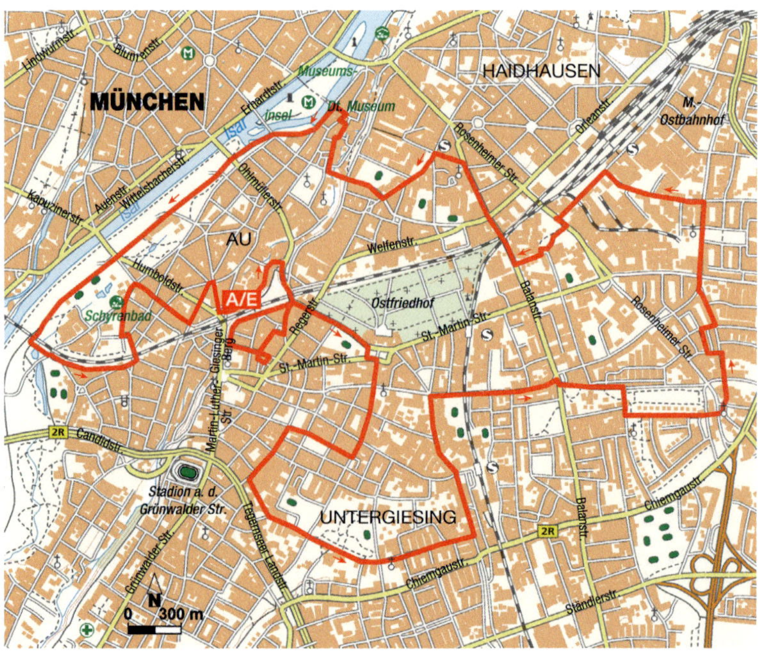

Ehemalige NS-Mustersiedlung mit Kirchturmspitze von Maria Ramersdorf

halten uns auf dem Weg am Hang, der als Fuß- und Radweg ausgezeichnet ist. Kurz bevor wir zur Heilig-Kreuz-Kirche gelangen, biegen wir links in die Gietlstraße ab. Jetzt können wir uns einen kleinen Eindruck von der **Feldmüllersiedlung** machen, die hier zwischen 1840 und 1845 entstand und heute ein Zeugnis von der baulichen Realität der Bevölkerungsschicht eines typischen Münchner Vororts abgibt. Bevor die Gietlstraße zur Einbahnstraße wird, biegen wir rechts in die Untere Grasstraße, die nächste links in die Kiesstraße, danach wieder links auf die Gietlstraße und die nächste rechts in die Untere Grasstraße.

Am Ende der Straße fahren wir am Alpenplatz rechts und gleich noch einmal links. Wir erkennen wieder die Straße, auf der wir hochgefahren sind, fahren allerdings dieses Mal nach rechts und überqueren eine Ampel. Links sehen wir die Friedhofsmauern des **Ostfriedhofs**, rechts ein Trainingsgelände. Direkt dahinter biegen wir rechts in den St.-Martins-Platz ein. An dessen Ende radeln wir links und sofort wieder rechts in die Severinstraße.

Wir überqueren die nächste Ampel, fahren an dem großen Komplex der **Versicherungskammer Bayern** vorbei, überqueren die Deisenhofener Straße und biegen danach in die nächste Straße, Landlstraße, rechts ab. Wir passieren den Walchenseeplatz und biegen eine Straße weiter links in die Herzogstandstraße. Nach kurzer Zeit biegen wir links in die Werner-Schlierf-Straße ein. Das neue Wohnviertel an dieser Stelle entstand auf dem ehemaligen Gelände der Agfa, die hier einst Kameras produzierte. Das Agfa-Hochhaus wurde 2007 gesprengt.

Am Ende der Straße halten wir uns links auf der Weißenseestraße. Nach kurzer Zeit sehen wir rechts und links eine Grünfläche, den **Weißenseepark**. Die größte Grünfläche Giesings lockt mit Sport-, Spiel- und Spaziermöglichkeiten. Ein kurzer Abstecher lohnt sich – allein schon wegen den hier zu sehenden Findlingen.

Ansonsten setzen wir unseren Weg auf der Weißenseestraße fort, überqueren die große Schwanseestraße inklusive Trambahngleise über die Umlaufsperren und fahren auf der anderen Seite links auf den Radweg. Wir radeln am **Giesinger Bahnhof** vorbei und biegen bei der nächsten großen Kreuzung rechts in die **Werinherstraße** ein. Wir unterqueren die Bahn, passieren das runde Siemens-Nokia-Gebäude auf der rechten Seite und gelangen zur großen Kreuzung mit der Balanstraße. Hier queren wir die Balanstraße, fahren dann rechts auf den Radweg, was hier für eine kurze Strecke erlaubt ist, und biegen sofort links in die Wilramstraße ein. Die nächste Straße, Hohenaschauer Straße, biegen wir rechts ab.

»Garderobenständer« an der Kolumbusstraße

Oben: Temporäre Kunstinstallation »GIERsing« von der Künstlergruppe »Mitte Juli 1570« am Hans-Mielich-Platz

Die Siedlung, die wir jetzt erkunden, entstand 1934 als **NS-Mustersiedlung** im Rahmen der »Deutschen Siedlungsausstellung«. Das Ensemble ist in sich geschlossen und hat gemäß der Gartenstadtidee zahlreiche Grünflächen.

Wir fahren die nächste Straße nach links in die Herrenchiemseestraße. Es bietet sich an, die Siedlung etwas genauer anzusehen. Ein Abstecher in die Törwangerstraße lohnt sich. Wir fahren aber geradeaus, überqueren die Rosenheimer Straße vollständig, schieben unser Fahrrad am Alten Wirt vorbei zur Aribonenstraße und setzen unseren Weg links fort. Nach einer Ampel überqueren wir die Kirchseeoner Straße und biegen die nächste Straße links, am Loehleplatz dann rechts in die Weiskopfstraße, an deren Ende rechts in die Wollanistraße und bei der nächsten Kreuzung links in die Führichstraße ab.

An deren Ende biegen wir rechts in die große Melusinenstraße ein, überqueren die Bad-Schachener-Straße und radeln an der nächsten großen Kreuzung links in die Grafinger Straße. Wir folgen der Straße, die zur Haager Straße wird, und biegen an deren Ende links in die **Friedenstraße** ein. Wir passieren auf der linken Seite das sehenswerte Kartoffelmuseum.

Wer mag, kann hier einen Abstecher in das **Werksviertel Mitte** unternehmen. Auf dem ehemaligen Gelände der Pfanniwerke entstand zunächst ein Kunst- und Vergnügungspark. Dessen Ende läutete eine völlig neue Nutzung ein. Neben der Tonhalle, einer kleinen Konzerthalle, finden sich hier das WERK7 theater und einige Bars. Daneben stehen mondäne Hochhäuser und auch das neue Konzerthaus München wird seine Heimat hier haben.

Ansonsten überqueren wir am Ende die Rosenheimer Straße, radeln kurz links auf dem Radweg an ihr entlang, bis wir rechts nach etwa zehn Metern in einen kleinen Weg abbiegen. Hier passieren wir eine Umlaufsperre und gelangen in den kleinen **Kustermann-Park**. Wir halten uns rechts vom Sportplatz und setzen unseren Weg ansonsten geradeaus fort, links von uns befindet sich ein kleiner Hügelkamm. Wir verlassen den Park wieder durch eine Umlaufsperre, radeln nach rechts auf die St.-Cajetan-Straße und an deren Ende rechts auf den Radweg entlang der **Balanstraße**. Wir überqueren eine große Straße und biegen links in die Rablstraße.

An der nächsten Kreuzung fahren wir wieder links auf die Franziskanerstraße, folgen dieser bis zur nächsten Straßenkreuzung und biegen hier rechts in die Gebsattelstraße ein. Wir lassen unser Fahrrad entspannt bergab laufen und biegen direkt nach der Überquerung des Auer Mühlbachs rechts in die kleine Straße Am Herrgottseck.

Der Straße folgen wir und biegen an ihrem Ende rechts auf die Lilienstraße, die nächste vor dem **Wirtshaus in der Au** wieder links in die Schwarzstraße. Wir sehen vor uns schon das Deutsche Museum, überqueren die Eduard-Schmid-Straße und biegen dann noch vor dem Isararm links auf den **Isarradweg**. Auf diesem fahren wir bis zur Braunauer Brücke, einer Eisenbahnbrücke. Noch vor der Brücke fahren wir links leicht den Damm nach oben, wir unterqueren die Brücke und halten uns links entlang der Gleise. Rechts sehen wir einen kleinen See und gelangen wieder auf eine Straße, Teutoburger Straße, an der wir rechts fahren. Sie führt entlang der Gleise. Am **Hans-Mielich-Platz** unterqueren wir die Eisenbahnbrücke nach links und folgen der Hauptstraße. Links sehen wir das Schyrenbad, das älteste Freibad Münchens. An der nächsten Straßenkreuzung fahren wir rechts in die Schyrenstraße, folgen dieser bis zur Pilgersheimer Straße, biegen dort links in die **Pilgersheimer Straße**, überqueren die große Humboldtstraße, fahren die nächste Straße, die Kolumbusstraße, wieder rechts und erreichen schließlich erneut die U-Bahn-Station.

Im Wirtshaus in der Au war schon Karl Valentin Gast

Bereits 1901 eröffnete der erste Ausschank hier. Auch Karl Valentin, der nicht weit entfernt in der Zeppelinstraße das Licht der Welt erblickte, soll hier Gast gewesen sein. Heute erfreut uns das Wirtshaus in der Au in dem Renaissancebau mit guter Küche und gemütlichem Biergarten.

24 Wo die Schweinderl wohnen

ZUM WALDERLEBNISZENTRUM GRÜNWALDER SAUSCHÜTT

Schwierigkeit Leicht

Weglänge 34 km, 3 Std.

Tourencharakter Waldwege und ruhige Landstraßen

Ausgangs-/Endpunkt München, Deutsches Museum

Karte Kompass-Wandern und Rad München und Umgebung WK 184, 1:50 000

Einkehr Perlacher Forst: Nussbaum-Ranch, Kiosk mit Sitzgelegenheit; Grünwald: Forsthaus Wörnbrunn, Tel. 089/71 67 73 90, forsthaus-woernbrunn.de

Information Walderlebniszentrum Grünwalder Sauschütt, 82041 Grünwald, Veranstaltungen und Hinweise unter »Unser Wald« auf der Seite aelf-ee.bayern.de

Das Walderlebniszentrum Grünwald ist immer noch ein Geheimtipp. Erlebnispfade, die Ausstellung im königlichen Pavillon, Informationen, Kunst aus Holz, Wildschweine und viele interessante Aktionen locken Kinder und Erwachsene. Auf ruhigen Pfaden gelangt man dann auf dem Isar-Radweg wieder zurück nach München.

Wir beginnen an der Ostseite des **Deutschen Museums** (Zeppelinstraße) und folgen der Ausschilderung Richtung Tierpark Hellabrunn. Gleich nach den nicht zu überhörenden Rufen der Wasserliebhaber aus dem Schyrenbad taucht unscheinbar der Eingang zum Rosengarten der städtischen Baumschule Bischweiler auf – eine beschauliche Oase inmitten der Stadt mit rund 200 Rosensorten. Auf dem schattigen Radweg zwischen Isar und Tierpark gelangen wir zur **Marienklausenbrücke**, die wir überqueren und auf die Floßlände treffen. Dort ist die Endstation der heute touristisch genutzten Gaudi-Flöße mit Musik und viel Bier. Die Flößerei auf der Isar geht bis ins 12. Jahrhundert zurück und war bis zur Nutzung der Eisenbahn das wichtigste Transportmittel, vor allem für Holz.

Am **Hinterbrühler See** vorbei und dann auf der Conwentzstraße radelnd, taucht rechter Hand der Biergarten des Traditionsgasthofs Hinterbrühl auf, und kurz darauf sehen wir links das eiserne Flößerdenkmal. Immer am Kanal entlang radeln wir auf die 31 Meter hohe **Großhesseloher Brücke** zu, die auf knapp 260 Metern Länge Isar und Kanal überspannt. Als Eisenbahnbrücke mit Fußgängerweg erlangte die Brücke fragwürdige Bekanntheit, denn von 1877 bis 1978 sprangen hier 290 Menschen in den Tod. Beim Neubau 1985 wurde der gesamte Fußgängerweg mit Drahtgitter umlegt.

Wir fahren über die Brücke, kommen in den Schilcherweg, überqueren die Hauptstraße und fahren in den **Perlacher Forst** hinein. Gleich bei der ersten Abzweigung nach rechts haben wir

Das Walderlebniszentrum, beliebt bei allen Altersgruppen

die Möglichkeit, einen Abstecher ins Bavaria Filmgelände zu machen, was jedoch in krassem Gegensatz zu dem ruhigen, beschaulichen Ziel unserer Tour steht und vielleicht einmal separat besucht werden sollte.

Eine einsame Fahrt liegt nun vor uns, bis der Kiosk **Nussbaum-Ranch** in einem ehemaligen Bahngebäude zu einer Pause einlädt. Vor dem Parkplatz geht es rechts dann in den Wald (ohne Beschilderung) und kerzengerade zum **Forsthaus Wörnbrunn**, an dem wir vorbeifahren (oder einkehren) und sofort nach dem Parkplatz den unscheinbaren Waldweg nach links nehmen, den wir auch nach Überquerung der Fahrstraße Grünwald–Deisenhofen weiterverfolgen (»Links-Geräumt«). Nach kurzer Fahrt sieht man schon links und rechts die verschiedenen Stationen des **Walderlebniszentrums**. Um sich zu orientieren, sollte man zuerst zum Pavillon radeln und dort den Rundgang beginnen.

»In den Wäldern sind Dinge, über die nachzudenken man jahrelang im Moos liegen könnte.«

Franz Kafka

Unter dem Motto »Den Wald mit allen Sinnen erleben« ist der Bayerischen Forstverwaltung hier eine äußerst engagierte Einrichtung gelungen. Mit viel Liebe zum Detail entstand auf dem Platz rund um das Aktionszentrum, welches auch Ausgangspunkt für Exkursionen und Führungen ist, ein beliebter Tummelplatz für Jung und Alt. Verschiedene Baumsitzgelegenheiten zwischen Kunstwerken aus Holz und Infotafeln laden zum

»Baumuntersuchung«

Verweilen ein. Es gibt ständig wechselnde Angebote, vom Sommernachtswald über Tierspurensuche, Obstbaum-Schnittkurs, Waldgottesdienst oder Vorlesenachmittag im Wald usw. – für jeden ist etwas dabei. Der Pavillon, den bereits 1863 König Max II. erbauen ließ, lockt mit einer Ausstellung über Säugetiere und Vögel aus den heimischen Wäldern. Wildschweine können hier aus nächster Nähe beobachtet und der Kletterpark besucht werden, und auf einem Erlebnispfad mit zehn Stationen erfährt man allerlei Wissenswertes über die Natur und wird zum Experimentieren eingeladen. Ein wirklich empfehlenswerter Ausflug, und das Ganze frei und

»Im Wald zwei Wege boten sich mir dar, und ich nahm den, der weniger betreten war, und dies veränderte mein Leben.«

Robert Lee Frost

ohne Eintrittsgeld! Wir fahren in westlicher Richtung aus dem Wald hinaus zur Hauptstraße, wenden uns dort nach rechts und befinden uns nun in **Grünwald**. Hier biegen wir an der großen Kreuzung links ab, radeln rechts in die Siedlung, an der Grünwalder Burg vorbei, und gelangen ausgeschildert hinab zum **Isar-Radweg**, der uns durch schattigen Laubwald zurück nach München und wieder zum **Deutschen Museum** bringt.

Links: Informationen im königlichen Pavillon

Kunst im Wald

25 Ein Barockjuwel und Relikte des Flughafens

VON DER JOSEPHSBURG ÜBER FELDKIRCHEN ZUM BÖHMERWALDPLATZ

Schwierigkeit Leicht

Weglänge 26,5 km, 2.15 Std.

Tourencharakter Hauptsächlich Wege in Grünanlagen, nur wenige Strecken auf Nebenstraßen. Ohne Radweg

Ausgangspunkt Gustav-Schwalb-Straße, Ecke Josephsburgstraße, U-Bahn-Station Josephsburg

Endpunkt Böhmerwaldplatz, München, U-Bahn-Station (Alternative: Feldkirchen, S-Bahn-Station, Gesamtlänge: ca. 12 km)

Karte Kompass Fahrradkarte »München und Umgebung« (2021), 1:70 000

Einkehr Bogenhausen: Hans im Glück, Arabellastr. 17, Tel. 089/92779950, hansimglueck-burgergrill.de/standort/muenchen-arabellapark; Feldkirchen: Flugwerk Feldkirchen, Sonnenstr. 2, Tel. 089/94417718, flugwerk-feldkirchen.de/flugwerk

Information Landeshauptstadt München, Referat für Arbeit und Wirtschaft, Tourismus, Sendlinger Str. 1, 80331 München, Tel. 089/23396500, muenchen.de

Es war eines der herausforderndsten logistischen Projekte Münchens – der Umzug des Flughafens von Riem ins Erdinger Moos. Heute können wir in der neuen Messestadt noch die Zeppelinhalle, den alten Flughafentower und kleine Teile der Start- und Landebahn des ehemaligen Flughafens bewundern.

Wir starten in der **Josephsburgstraße**, Höhe Gustav-Schwalb-Straße, in der Nähe der U-Bahn-Station Josephsburg. Von der Gustav-Schwalb-Straße fahren wir rechts auf die Josephsburgstraße. Die Josephsburg ist nicht mehr erhalten, auch wenn diese der Straße und der U-Bahn-Station ihren Namen gibt. Wir radeln bei der nächsten Straße, der Clemens-August-Straße, links und kommen direkt auf **St. Michael** zu, eine der prachtvollsten und bedeutendsten Barockkirchen im Stadtgebiet München.

Vor der Kirche halten wir uns rechts auf einem Schotterweg, der Privatgrund ist. Der Weg führt uns an St. Michael vorbei. Wir erreichen einen Grünzug und fahren bei der nächsten Weggabelung links.

Wir werden diesem **Grünzug bis zur Rofanstraße** folgen. Wir überqueren eine Straße bei einem Zebrastreifen. Der verkehrsberuhigte Weg, Michaeliburgstraße, ist geteert. Den nächsten querenden Schotterweg fahren wir links und kurz darauf rechts. Rechts sehen wir in kurzem Abstand zwei Steingruppen und danach einen Sportplatz. Wir gelangen zu einer Weggabelung, halten uns links und gleich wieder rechts. Wir erreichen die **St.-Veit-Straße**, überqueren diese und setzen unseren Weg auf dem Rad- und Fußweg zwischen den Bäumen fort. Kurz vor der Sonnwendjochstraße sehen wir links einen alten Luftschutzbunker. Wir queren die Straße und radeln weiter in dem Grünzug.

Wir erreichen die **Rofanstraße**, fahren links und sofort wieder rechts in die Waldstraße. Am Ende der Waldstraße biegen wir rechts in den Groschenweg und folgen dem Straßenverlauf nach

Die moderne Münchner Messe mit dem Tower des ehemaligen Flughafens Riem

links in die St.-Augustin-Straße. Rechts sehen wir die **St. Augustinus**-Kirche. Nach der Kirche biegen wir links in die Marianne-Plehn-Straße ein. Nach wenigen Metern nehmen wir kurz vor den Häusern einen Schotterweg nach rechts und biegen bei einem großen Steindenkmal sofort wieder nach links. Wir fahren mitten durch die Siedlung **Bajuwarenpark**. Archäologische Untersuchungen vor Baubeginn brachten Keramikteile aus der Keltenzeit zutage. Der Park inmitten des Neubaugebiets wurde in Erinnerung an diese Zeit gestaltet. Die verwendeten Materialien wie Holz und Naturstein greifen die Nutzung in der Vergangenheit auf.

GASTHOF ZAMDORFER

In einem schönen Ambiente genießen Sie hier hauptsächlich regionale Speisen. Da das Restaurant abseits von großen Straßen liegt, sitzen Sie im Biergarten ruhig.

Gasthof Zamdorfer, Schwarzwaldstraße 2a, 81677 München, Tel. 089/91 69 21, zamdorfer.de

Wir gelangen wieder auf die Marianne-Plehn-Straße, überqueren die große **Kreillerstraße** an der Ampel, setzen unseren Weg auf der Karpfenstraße fort und radeln links auf einen kleinen Schotterweg, genau wo die Straße einen Rechtsknick macht. Bei der nächsten Gelegenheit radeln wir rechts auf einen Schotterweg, der uns zum **Truderinger**

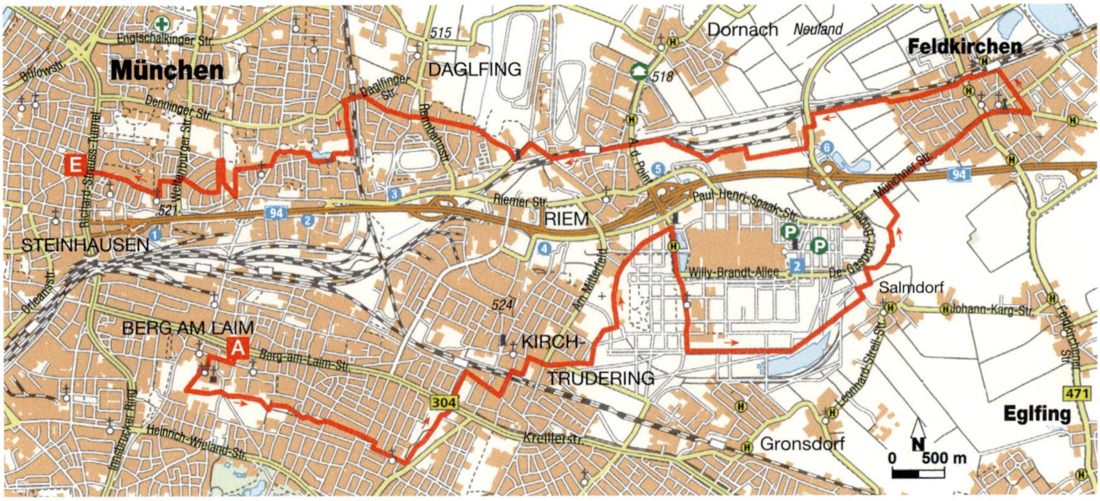

Bahnhof führt. Rechts sehen wir eine großzügige Gartenanlage. Wir fahren rechts auf den Radweg entlang der querenden Truderinger Straße, queren die Bajuwarenstraße und biegen danach sofort links in den **Lehrer-Götz-Weg** ein. Der Weg führt durch einen Tunnel, hinter dem wir sofort rechts radeln und dem Straßenverlauf bis zur querenden Kirchtruderinger Straße folgen. Hier radeln wir nach rechts und folgen ihr über die nächste Ampel. Wenn die Hauptstraße nach rechts verläuft, fahren wir allerdings geradeaus auf die Emplstraße. Vorsicht, wir haben hier keine Vorfahrt!

Rechts sehen wir am **Manchesterplatz** eine Gedenkstätte an den Absturz eines Flugzeugs von 1958. 23 Menschen kamen damals ums Leben, acht waren Spieler der englischen Fußballmannschaft Manchester United.

Am Ende der Emplstraße fahren wir geradeaus auf einen Feldweg und nehmen nach nur wenigen Metern den ersten Schotterweg nach links. Er geht bei einer Rechtskurve in einen geteerten Weg über. Wir biegen in den zweiten Schotterweg links ein und gelangen zur alten **Zeppelinhalle**, die als Zuschauertribüne bei Flugvorführungen am Flughafen Riem diente. Wir fahren entlang des lang gezogenen Gebäudes.

Kurz nach einem Rechtsknick des Wegs und nur wenige Meter bevor wir eine Straße erreichen, biegen wir links in einen Pfad ein und radeln auf großen Steinplatten geradeaus. Unser Weg setzt sich an einer Straßenkreuzung auf der anderen Seite fort. Wir queren noch eine Straße und schieben unser Fahrrad we-

Flugwerk Feldkirchen

nige Meter, da der Weg hier kurz zu einem Fußweg wird. Links passieren wir die alte Ankunftshalle des ehemaligen Flughafens Riem, auf der noch der Schriftzug München prangt, und steuern direkt auf den roten Tower des ehemaligen Flughafens zu. Wir sehen die neue **Messe Riem**. Sobald wir auf die Olof-Palme-Straße kommen, fahren wir rechts auf den Radweg. Wir gelangen zum Willi-Brandt-Platz, queren den Platz und radeln durch den Durchgang links von den Riem Arcaden.
Wir radeln geradeaus in den **BUGA-Park Riemer Park** und queren dabei eine Straße. Links taucht eine Sportanlage auf. Kurz dahinter fahren wir links auf einen Weg mit Steinplatten.
Rechts sehen wir den **Riemer See**. Wem es zu warm ist, der kann einen Sprung ins Wasser wagen. Später findet sich dazu keine

Barockjuwel St. Michael in Berg am Laim

Gelegenheit mehr. Hinter dem See erscheint links eine Anhöhe, ein Rodelhügel. Wer Lust, Luft und Zeit mitbringt, kann hochfahren und bei guter Sicht einen schönen Blick in die Berge und in die nahe Umgebung genießen. Wir fahren entlang der Anhöhe, vorbei an einer Schranke bis zum Ende des Wegs und biegen links ab. Den ersten Schotterweg radeln wir nach rechts und beim nächsten sofort wieder nach links.
Einige Meter bevor wir wieder auf eine Straße kommen würden, nehmen wir rechts einen Schotterweg. Nach kurzer Zeit passieren wir einen letzten Rest der Start-/Landebahn des ehemaligen

Flughafens Riem. Rechts erscheint der Frauenwald 2000, markanter Bestandteil des Riemer Waldes. Beim nächsten Schotterweg biegen wir rechts ab.

Er führt uns direkt zur Münchner Straße. Wir radeln nach rechts auf den Radweg entlang der Straße, passieren das Ortsschild **Feldkirchen** und überqueren an einer Ampel die B 471. Links passieren wir eine sehr kleine Grünfläche und biegen in die zweite Straße dahinter, Sonnenstraße, links ab. Rechts sehen wir das Lokal **Flugwerk Feldkirchen**. Wer vor der Weiterfahrt kurz eine Rast einlegen möchte, ist hier richtig.

Am Ende der Sonnenstraße biegen wir links auf die Velaskostraße. Wir erreichen am Straßenende einen Parkplatz, halten uns dann etwas rechts versetzt, fahren über einen Autotunnel auf die andere Seite der B 471 und radeln auf der Sudetenstraße weiter. Sie führt uns an den Rand des Dorfes. Hier biegen wir rechts und am Ende wieder links auf einen Feldweg. Der Weg führt uns entlang der Bahntrasse und schließlich durch einen Tunnel. Dahinter biegen wir sofort links ab. Die nächste querende Straße fahren wir rechts. Links sehen wir übereinandergestapelte Container, rechts befindet sich der **Umschlagbahnhof**. Die Wahrscheinlichkeit besteht, dass große Lastwagen unseren Weg hier kreuzen. Kurz vor der Einfahrt zur Hofbrauerei führt uns rechts ein Fahr- und Fußweg um das Firmengelände herum. Wir passieren eine Umlaufsperre und nehmen den nächsten Weg nach rechts. Wir fahren entlang der Bahngleise immer geradeaus, bis wir zum **Bahnübergang Riem** kommen.

Diesen überqueren wir, radeln geradeaus und biegen bei der nächsten Kreuzung nach links in die Landshamer Straße. Die nächste Straße fahren wir rechts und folgen der Schichtlstraße bis zum Ende, fahren dann rechts und sofort wieder links auf die Daglfinger Straße.

St.-Augustinus in Trudering

Die St.-Augustinus-Kirche und ihr besonderer Turm

Eine Besonderheit stellt der Turm der St.-Augustinus-Kirche dar, der aufgrund der Sicherheitsvorschriften zu Zeiten des Flughafens Riem ohne Kreuz gebaut werden musste. Der Kirchturm erhielt erst 2002 sein goldenes Kreuz.

Im Riemer See im einstigen BUGA Park Gelände können wir baden.

Wenn wir Glück haben, können wir den Bahnübergang **Daglfing** ohne Warten überqueren und biegen die nächste Straße links ein, die Bromberger Straße. Am Straßenende führt ein Schotterweg geradeaus, dem wir folgen.

Jetzt durchqueren wir den **Zamilapark**, der von 1983 bis 1991 von der Bayerischen Hausbau GmbH Josef Schörghubers errichtet und Mitte der 1990er-Jahre als schönste Grünanlage Bayerns ausgezeichnet wurde. Wir überqueren eine kleine Holzbrücke und halten uns danach rechts. Rechts befindet sich der kleine Zamilasee, der allerdings nicht zum Baden geeignet ist. An der nächsten Weggabelung fahren wir abermals rechts und danach sofort wieder links. Wer sich für Gesteinsformationen interessiert, ist hier genau richtig. Wer einen der nächsten beiden Wege kurz nach rechts fährt, gelangt zum Geologiegarten.

Wir verlassen die Grünanlage allerdings wieder und gelangen zur **Friedrich-Eckart-Straße** in **Zamdorf**, in die wir links und kurz darauf wieder rechts in die Nettelbeckstraße abbiegen. An deren Ende fahren wir links auf einen breiten Schotterweg. Bei der nächsten Möglichkeit fahren wir rechts, überqueren die Felder und fahren nach der Häuserzeile kurz vor einem Wald links und sofort abermals links in die **Spessartstraße**. Die Straße führt uns nach kurzer Zeit nach rechts.

Wir folgen ihr, bis die Weltenburger Straße quert. Hier fahren wir links und die nächste Straße wieder rechts in die Gleimstraße. An deren Ende biegen wir links ab und gleich wieder rechts in die Stuntzstraße. Dieser folgen wir und gelangen direkt zum **Böhmerwaldplatz** (U-Bahn-Station).

26 Lehmabbau und Römersiedlung

VOM BÖHMERWALDPLATZ NACH POING

Schwierigkeit Leicht

Weglänge 21 km, 2 Std.

Tourencharakter Hauptsächlich Wege in städtischen Grünanlagen wie Denninger Anger. Ab Englschalkinger Bahnhof bis Dornach auf verkehrsarmen und meist geteerten Wegen und Dorfstraßen, unterbrochen von einigen Feldwegen bis nach Poing. Keine nennenswerten Steigungen

Ausgangspunkt Böhmerwaldplatz, U-Bahn-Station

Endpunkt Poing, S-Bahn-Station (Alternative: Kirchheim, S-Bahn-Station Heimstetten, Gesamtlänge: ca. 9 km)

Karte Kompass Fahrradkarte »München und Umgebung« (2021), 1:70 000

Einkehr Kirchheim: Gaststätte Heimstettener See, Seestr. 40, Tel. 089/903 16 97; Poing: Pizzeria Venezia, Keltenstr. 14, Tel. 08121/98 66 150

Information Gemeinde Poing, Rathausstr. 3 und 4, 85586 Poing, Tel. 08121/979 40, poing.de

Man sprach von ihnen als Barone und das nicht zu Unrecht, denn sie hatten Geld: die Ziegeleibesitzer. Wir kommen an einem ehemaligen Hof eines Lehmbarons, dem Rothof, vorbei. An heißen Sommertagen laden uns Heimstettener See und Bergfeldsee zu einer Erfrischung ein.

Wir starten unsere Tour nahe dem U-Bahnhof Böhmerwaldplatz an der Ecke Stuntz-/Richard-Strauss-Straße. Von der Stuntzstraße biegen wir rechts auf den Radweg entlang der Richard-Strauss-Straße. Kurz vor einer Tankstelle biegen wir rechts auf einen geteerten Fuß- und Radweg, den Schreberweg, ab. Der Weg steigt leicht an.

Etwas erhöht radeln wir geradeaus an einer **Kleingartenanlage** entlang. Das Gefälle zu unserer Linken ist durch Lehmabbau entstanden. Die Gegend war im 19. Jahrhundert ein Zentrum des Lehmabbaus. Adolf Hitler wollte hier zu seinen Lebzeiten ein Mausoleum für sich errichten. Kurze Zeit später führt links ein Weg abwärts, den wir nehmen.

Unten angekommen, setzen wir unsere Tour auf dem schmalen Feldweg mitten durch die Kleingartenanlage fort. Unser Weg führt jetzt durch den **Denninger Anger**. Wir gelangen zu einer offenen Wiese mit kleinen Fußballtoren und halten uns hier rechts. Auch bei der nächsten Kreuzung bleiben wir rechts. Unser Weg schlängelt sich durch eine kleine Waldanlage. Auf der linken Seite taucht wieder eine Wiese auf. Wir folgen weiterhin dem Hauptweg in einer Rechts- und Linkskurve.

Wir gelangen schließlich zu einer Rosette, auf der wir die Himmelsrichtung von verschiedenen Münchner Stadtteilen und angrenzenden Ortschaften erkennen können. Wir halten uns rechts und folgen dem geteerten Hauptweg. Links passieren wir einen Sportplatz, rechts die Tennisanlagen des Rothofs. Den Weg fahren wir bis zum Ende, verlassen den Park und biegen links in die **Revaler Straße**.

Einladende Grünfläche im Denninger Anger

Wir radeln geradeaus, überqueren die Weltenburger Straße und setzen unseren Weg auf einem Feldweg zwischen Bäumen im Mittelteil des Denninger Angers fort. Am Ende des Weges stoßen wir wieder auf eine Straße, die Neckarstraße. Wir radeln ein kurzes Stück auf ihr geradeaus und verlassen diese wieder auf dem geradeaus folgenden Feldweg. Hier fahren wir nach den Bäumen sofort links und radeln geradeaus, bis wir abermals auf eine Straße kommen, die **Denninger Straße**.

Die Denninger Straße queren wir und fahren weiter auf einem Fuß- und Radweg durch eine Grünfläche. Nach einiger Zeit erblicken wir rechts eine bunte, schlangenähnliche Kunstfigur. Dahinter biegen wir den zweiten Feldweg nach rechts ab.

Rechts sehen wir das **Ökologische Bildungszentrum** ÖBZ. Es wurde im Juli 2001 eröffnet und ist eines der wenigen großstädtischen Umweltbildungszentren in Deutschland. Es bietet ein breit gefächertes Programm zu Umweltthemen und Zukunftsfragen an.

POINGER EINKEHR

Wer es herzhaft mag, ist in der Poinger Einkehr gut aufgehoben. Die ehemalige Sportgaststätte wurde neu möbliert und besticht jetzt mit ihrem urigen Ambiente.

Wirtshaus zur Poinger Einkehr, Plieninger Straße 22, 85586 Poing, Tel. 08121/986 43 55, poinger-einkehr.de

Wir gelangen wieder auf eine Straße, die Memeler Straße, und überqueren die nächste kreuzende Vorfahrtsstraße, die **Ostpreußenstraße**. Gleich danach biegen wir links in einen Fuß- und Radweg ein, den Alfred-Jentzsch-Weg. Wir queren abermals eine Straße, die Putziger Straße, und biegen beim zweiten Weg nach rechts in die Libauer Straße ab.

Der Weg geht über in eine Straße. An deren Ende biegen wir links in die Marienburger Straße und die nächste rechts in die Brodersenstraße ab.

Wenn wir Glück haben, müssen wir am **S-Bahnhof Englschalking** nicht vor den Schranken warten. Wir überqueren den Bahnübergang. Die Brodersenstraße macht einen Linksknick und geht in den Dornacher Weg über. Rechts von uns befindet sich die **Galopprennbahn Riem**, die 1865 gegründet wurde und mittlerweile die einzige Galopprennbahn in Bayern ist.

Kurz hinter dem Ortsschild, das das Ende des Stadtgebiets München markiert, sehen wir Schilder, die eine starke Rechtskurve andeuten. Wir fahren auf den sich hinter den Schildern befindenden Weg, der in einen Feldweg übergeht.

Wir gelangen nach **Dornach**. Nach einiger Zeit queren wir die Hauptstraße und fahren Richtung Feuerwehr. Auch wenn die Straße, der Baderweg, uns nach links führen würde, radeln wir geradeaus auf einen Feldweg. Der Schotterweg bringt uns bis zu Bäumen, die wir schon aus der Ferne sehen können. An einer Holzbank halten wir uns links. Rechts befinden sich Bäume,

links offene Felder. Der Weg wird jetzt wieder breiter und gut befahrbar. Wir unterqueren eine Straße. Wenn wir rechts von uns Gleise sehen, radeln wir ein kurzes Stück auf einem Weg mit einem etwas unangenehm zu fahrenden Belag.
Nun können wir die nächste Ortschaft **Feldkirchen** sehen. Der Feldweg geht in eine Straße über. Kurz vor den Häusern biegen wir auf einen land- und forstwirtschaftlichen Weg nach links ab. Wir radeln am zweiten kleinen Weg nach rechts in die Siedlung und gelangen wieder auf eine Straße, die Beethovenstraße. Kurze Zeit später erreichen wir eine große Kreuzung mit Kreisverkehr und fahren weiter geradeaus Richtung Heimstettener See auf der Seestraße.
Rechts sehen wir einen Biergarten. Wer mag, kann hier kurz einkehren oder eine Runde im **Heimstettener See** schwimmen. Die Straße führt uns nach rechts und schließlich wieder nach links. Von Weitem sehen wir die Autobahnüberführung und überqueren diese.
Kurz danach geht rechts ein kleiner Feldweg ab. Dieser führt zum **Bajuwarenhof Kirchheim**. Hier könnten wir dann noch eine

Bajuwarenhof Kirchheim

Aussichtspunkt im Poinger Park

nachgebaute Siedlung aus dem 6. oder 7. Jahrhundert betrachten. Der Bajuwarenhof ist allerdings nur im Sommer an Sonntagen zugänglich.

Wir setzen unseren Weg fort, gelangen nach **Kirchheim**, überqueren die Hauptstraße und radeln auf der Räterstraße geradeaus. Dabei passieren wir links das Räter Parkhotel. Nach einiger Zeit sehen wir rechts von uns wieder Wiesen und Felder. Die Straße führt nach links. Bei der nächsten Kreuzung biegen wir rechts in die Heimstettener Straße und folgen der Straße bis zur nächsten Kreuzung, an der wir links in die Bürgermeister-Hausladen-Straße einbiegen.
An der nächsten Kreuzung halten wir uns geradeaus und fahren in den kleinen Erich-Kästner-Weg. Wir folgen dem Weg, der

in den Gruber Weg übergeht und schließlich zu einem Feldweg wird. Wir erreichen das nächste Dorf, **Grub**, und biegen direkt vor einer Lagerhalle aus Holz nach links ab. Hinter der Lagerhalle fahren wir rechts. Links sehen wir eine kleine **Kapelle**, auf die wir zufahren. Wir lassen diese rechts liegen und fahren bei der nächsten Kreuzung rechts auf eine Straße. Wenn die Hauptstraße einen Rechtsknick macht, biegen wir links Richtung Landsham ab, fahren kurz rechts auf dem Radweg entlang der Straße und biegen den nächsten geteerten Weg nach rechts ab. Auch das Sackgassenschild hält uns nicht davon ab. Nach kurzer Zeit wird es ein Schotterweg. Vor uns sehen wir einen großen Strommasten, auf den wir zufahren.

Auf dem Weg von Kirchheim nach Grub

Am Ende des Feldweges biegen wir links, und kurz danach wieder rechts ab in den Mitterfeldweg. Wer mag, der kann hier einen kurzen Abstecher nach links zum **Bergfeldsee** machen. Er ist wie der Heimstettener See zum Baden geeignet.

Wir erreichen **Poing** und überqueren die große Bergfeldstraße. Unser Weg führt uns durch den **Poinger Park**. Wenn wir rechts fahren, gelangen wir zu einer Ausgrabungsstätte einer römischen Siedlung, auf der eine Neubausiedlung entstanden ist. Am Römerbrunnen gibt es Infotafeln. Wir radeln allerdings geradeaus.

Nach einem kleinen See erreichen wir den Poinger **Klangstein** (siehe Kasten). Unser Weg führt uns weiter durch die Grünanlage über einen weiteren kleinen See bis zur Gruber Straße. Wir fahren links in die Gruber Straße, an der nächsten großen Kreuzung links in die Plieninger Straße und gelangen zur **Poinger Einkehr**. Um zum Bahnhof zu kommen, fahren wir die Plieninger Straße zurück, unterqueren die Gleise und biegen die nächste Straße wieder rechts ab. Nach kurzer Zeit erreichen wir den **S-Bahnhof Poing**. Ums Eck kann man bei der **Pizzeria Venezia** einkehren.

Klangstein in Poing

Wer den Kopf in die Aushöhlung des Klangsteins in Poing – eines riesigen, tonnenschweren Findlings – steckt und in unterschiedlichen Stimmlagen summt, taucht für sich allein in eine geschlossene Welt ein. Die innere Massage wurde in verschiedenen alten Kulturen für die Erhaltung der Gesundheit und zur Heilung benutzt.

27 Auf den Spuren der Kurfürsten

VOM SCHEIDPLATZ ÜBER OBERSCHLEISSHEIM NACH FELDMOCHING

Schwierigkeit Leicht

Weglänge 24 km, 2.15 Std.

Tourencharakter Über grüne Strecken zum Hasenbergl, durch verschiedene Wälder wie das Hartelholz und Bergl

Ausgangspunkt Belgradstraße, Ecke Parzivalstraße, U-Bahn-Station Scheidplatz

Endpunkt Feldmochinger Bahnhof, U- und S-Bahn-Station (Alternative: Oberschleißheim, S-Bahn-Station, Gesamtlänge: ca. 14 km)

Karte Kompass Fahrradkarte »München und Umgebung« (2021), 1:70 000

Einkehr Feldmoching: Trattoria il Contadino, Dülferstr. 61, Mo Ruhetag, Tel. 089/31 90 80 45; Taverna Wrossis, Josef-Frankl-Str. 10, Mo Ruhetag, Tel. 089/314 28 05;

Information Tourismus Schleißheim e.V., Postfach 1112, 85758 Oberschleißheim, Tel. 089/37 55 89 58, tourismus-schleissheim.de

Eine Reise in den Norden Münchens – das bedeutet: das Neubaugebiet Nordheide mit seinem Skulpturenpark, das Gut Hochmutting, Schlossmauern, der vielfältige Berglwald, ein Schloss und sein bedeutender Barockgarten sowie ein Biergarten mit Sicht auf die Start- und Landebahn eines Flughafens.

Ausgangspunkt der heutigen Tour ist die **Belgradstraße**, Ecke Parzivalstraße an der U-Bahn-Station Scheidplatz. Wir radeln auf dem Radweg entlang der Belgradstraße Richtung Norden. Kurz vor dem **Nymphenburg-Biedersteiner Kanal** und dem Petuelring biegen wir rechts in die Barlachstraße ab und fahren bei nächster Gelegenheit links auf den Geh- und Radweg.

Wir überqueren bei einer Linkskurve den Nymphenburg-Biedersteiner Kanal und queren kurz den **Petuelpark**. Der Park ist auf dem Tunnel des hier sechsspurigen Mittleren Rings in Folge des Bürgerbegehrens von 1996 »Drei Tunnel braucht die Stadt« entstanden.

Der Weg führt uns am Generationenhaus vorbei, quert zwei Straßen und führt uns in kurzer Folge durch zwei Tunnel. Danach queren wir eine Straße. Beim nächsten Feldweg biegen wir nach rechts und gelangen zur Marienbader Straße. Dieser folgen wir und biegen die zweite Straße, **Rothpletzstraße**, nach links ab. Wir radeln die Straße entlang, die schließlich zu einem kleinen Weg wird. An seinem Ende fahren wir links in die Thalhoferstraße. Wir gelangen in einen kleinen Grünstreifen, halten uns rechts, sodass wir inmitten des Grünstreifens fahren. Wenn der Grünstreifen endet, radeln wir nach links und gelangen auf die Dientzenhoferstraße. Wir folgen der Straße, auch wenn sie sofort nach rechts abzweigt. Am folgenden T-Kreuz biegen wir links auf die Kämpferstraße ab. An deren Ende fahren wir rechts und gleich wieder links. Der Weg führt uns an der Bezirkssportanlage Am Harthof vorbei. Wenn die verkehrsberuhigte Straße

Im Oberschleißheimer Schlosspark müssen wir unsere Fahrräder schieben!

nach einer Umlaufsperre endet, radeln wir rechts auf die **Hugo-Wolf-Straße**, überqueren an einer Ampel die Neuherbergstraße und gelangen zu einem Einkaufszentrum. Hier fahren wir vor dem Gebäude rechts und nach 20 Metern wieder links in den Frauenmantelanger.

Wir halten uns auf der rechten der beiden parallel laufenden Straßen, fahren immer geradeaus, an ihrem Ende kurz rechts und wieder links und gelangen zur **Panzerwiese**. Hier fahren wir links auf dem Hauptweg entlang der offenen Wiese. Einige Kunstwerke zieren nun unseren Weg. Ein langer Steg, ein Boot und eine kunstvolle Laterne begegnen uns.

Wir radeln immer geradeaus, bis wir auf die Schleißheimer Straße gelangen, an der wir rechts auf dem Radweg entlangfahren. Die Straße macht eine Linkskurve. Danach fahren wir die nächste Straße, Fortnerstraße, rechts und folgen dieser geradeaus. Rechts von uns sehen wir die Kirche **Mariä Sieben Schmerzen** mit ihrer auffälligen Pyramidenform.

Wir gelangen in einen Wald, das **Hartelholz**, fahren den ersten Weg nach rechts und dann immer geradeaus. Am Wegende kommen wir an ein T-Kreuz und radeln nach links. Nach kurzer Zeit überqueren wir die Autobahn und verlassen dann nach einer Umlaufsperre wieder den Wald.

WALDRESTAURANT

Hier finden Sie überwiegend bayerische Küche. Die ruhige Lage inmitten des Berglwaldes prädestiniert das Restaurant als Zwischenstation.

Waldrestaurant Bergl, Bergl 1, 85764 Oberschleißheim, Mi/Do Ruhetag, Tel. 089/3150105, m.facebook.com/Berglwirtschaft

Unseren Weg setzen wir auf der geradeaus fortführenden geteerten Straße fort. Links erscheint das **Gut Hochmutting** mit der dominierenden Kapelle. Aufgrund der freien Sicht können wir auch schon die **Schlossmauern** des Oberschleißheimer Barockschlosses von Weitem erkennen. Kurz bevor wir zur Schlossmauer kommen, fahren wir rechts. Ein Wegweiser Richtung Garching-Hochbrück zeigt uns an dieser Stelle den Weg. Wir umrunden das Schloss. Dabei fahren wir entlang der Schlossmauern, überqueren den Isar-Schleißheim-Kanal, fahren durch ein Wohngebiet in **Oberschleißheim** und gelangen zur Hauptstraße.

Diese überqueren wir und gelangen geradeaus in den **Berglwald**. Hier fahren wir auf dem breiten Forstweg immer geradeaus. Schließlich gelangen wir zu einem Wegweiser, der nach links zum Waldrestaurant Bergl und zum Schloss Schleißheim zeigt. Diesem folgen wir.

Wir verlassen nach einiger Zeit den Wald wieder und biegen danach die zweite Straße, Föhrenstraße, rechts ein. An deren Ende radeln wir links in die Dr.-Hofmeister-Straße und halten uns gerade, bis wir zur B 471 gelangen. Wir überqueren sie und erreichen das **Schloss Oberschleißheim**. Übrigens erkor der Kurfürst Max Emanuel Oberschleißheim zum »neuen München«. Seine Großmachtpläne scheiterten allerdings kläglich und so verlegte er die Residenz doch nicht nach Oberschleißheim.

Wir setzen unseren Weg hinter dem neuen Schloss nach rechts in der Amigonistraße fort. An deren Ende fahren wir links, überqueren einen Kanal und biegen danach sofort wieder rechts ab. Wir passieren das **Deutsche Museum/Flugwerft**, das hier eine Außenstelle unterhält, erreichen den **Flugplatz Oberschleißheim**, der nur noch von Privatpersonen genutzt wird. An dessen Biergarten können wir uns auch eine Rast gönnen oder wir radeln weiter auf der geteerten Straße.

Die Straße führt uns am Wald entlang. Wir verlassen Oberschleißheim. Links haben wir noch einen Blick auf die Start- und Landebahn des Flughafens. Die Straße führt uns in eine Rechtskurve.

Danach radeln wir circa einen halben Kilometer geradeaus und nähern uns der Autobahn. Wenn die Straße dann eine scharfe Linkskurve macht, fahren wir nach rechts auf die Königstraße, die uns wieder ein kurzes Stück in den Wald führt. Beim nächsten Weg biegen wir sofort wieder links ab und überqueren die **Autobahn**. Bei der kommenden Wegkreuzung im Wald radeln wir rechts. Wir folgen dem Weg, um bei der nächsten Gabelung links zu fahren. Der Weg führt uns gerade aus dem Wald heraus. Dann fahren wir rechts.

Am Wald und einer Siedlung entlang kommen wir über einen schmalen Pfad zu einer offenen Landschaft, die von alten Kiefern

Links: Bedeutender Barockgarten des Schlosses Oberschleißheim

Unten: Die kurfürstliche St. Ignatius-Klause im Berglwald

Schloss Schleißheim mit barocker Gartenanlage

Das Schloss Schleißheim sollte das Zentrum der bayerischen Hegemonialträume von Kurfürst Max Emanuel werden. Er plante seinen Regierungssitz von München hierher zu verlegen. Der Schlosspark zählt zu den bedeutendsten europäischen Gartenanlagen des Barock.

dominiert wird. Wir folgen dem schmalen Weg und biegen auf den querenden Kiesweg rechts ab. Dann passieren wir einen Kinderspielplatz, radeln entlang einer Kleingartenanlage und biegen an deren Ende links ab. Dem Feldweg folgen wir, bis wir eine Straße, die Johann-Emmer-Straße, erreichen.

Auf dieser setzen wir unseren Weg fort und biegen die zweite Straße, Herbergstraße, rechts ab. Ein Wegweiser zum Feldmochinger See zeigt uns hier auch den Weg. Am Ende der Herbergstraße führt uns ein kleiner Weg durch eine Bahnunterführung, hinter der wir die erste Straße links abbiegen. Nun fahren wir immer geradeaus und erreichen nach kurzer Zeit den **U- und S-Bahnhof Feldmoching**.

28 Ein Traum für alle Fußballfans

ZUR ALLIANZ ARENA

Schwierigkeit Leicht

Weglänge 14 km, 2 Std.

Tourencharakter Ebene Strecke, größtenteils auf ruhigen Straßen und Waldwegen

Ausgangspunkt München, Ludwigsbrücke/Müller'sches Volksbad

Endpunkte Fröttmaning (U6) oder Ludwigsbrücke/Müller'sches Volksbad

Karte Kompass-Wandern und Rad München und Umgebung WK 184, 1:50 000

Einkehr Seehaus im Englischen Garten, Hirschau und Aumeister, s. bei Tour 3

Information Allianz Arena, Werner-Heisenberg-Allee 25, 80939 München, Tel. 089/69 93 12 22, allianz-arena.com

Wohl jeder Fußballfan, insbesondere des FC Bayern, möchte einmal in die Allianz Arena, den »Riesen-Schwimmreifen« und architektonisch strahlendes Meisterwerk im Norden Münchens. Die Radlfahrt dorthin führt gemütlich durch den Englischen Garten bis nach Fröttmaning.

Wir beginnen unsere Tour an der **Ludwigsbrücke** und fahren auf dem schmalen Weg zwischen Isar und dem schönen Jugendstilbau des **Müller'schen Volksbads** in südliche Richtung. Wer es noch nicht besucht hat, sollte dies unbedingt nachholen – die Badekultur aus der Zeit um 1900 konnte hier originalgetreu ins 21. Jahrhundert hinübergerettet werden, mit Stuckdecken, Bronzefiguren, verzierten Eisengittern, einem Damen- und Herrenschwimmbad (heute nicht mehr getrennt) und einer irisch-römischen Sauna.

Das Fußballfeld des FCB

Wir halten uns an den Verlauf der Isar, müssen aber auf die andere Uferseite (eventuell beim Steg mit Blick auf die herrliche Kuppel der St.-Lukas-Kirche), wo wir dem Hinweis »Isar-Radweg« folgen. Es geht vorbei am **Chinesischen Turm** und am **Kleinhesseloher See**, dann führt die immer ruhiger werdende Fahrt durch die Hirschau zum beliebten Biergarten **Aumeister** und unter dem Föhringer Ring hindurch. Zuletzt taucht ein nicht zu übersehendes Schild auf, das, nach links zeigend, Richtung Allianz Arena weist.

Die Fahrt führt aus dem Englischen Garten hinaus und bringt uns an der ersten Moschee Münchens vorbei; dann leitet sie uns über eine Brücke, und schon werden wir vom Anblick des riesigen »Schwimmreifens« der **Allianz Arena** überwältigt. Die Fassade besteht aus 2760 rautenförmig angeordneten Folienkissen, in denen sich jeweils eine Leuchtstoffröhre befindet. Bei einem Spiel des FC Bayern leuchtet das gesamte Stadion rot, bei einem Länderspiel oder bei Spielpause in neutralem Weiß, aber auch weitere Farbkombinationen sind aus aktuellen Anlässen möglich.

Die Allianz Arena kann gut, unabhängig von einem offiziellen Spiel, besucht werden: Die »FC Bayern Erlebniswelt« des erfolgreichsten und berühmtesten Vereins Deutschlands hat sich hier ein einzigartiges Fußballmuseum eingerichtet. Zu sehen sind die unzähligen Pokale sowie einzigartige Exponate, wie z. B. Schuhe und Trikots der berühmten Bayern-Stars. Die über 100-jährige Geschichte des Vereins wird hier modern und emotional dokumentiert – jedem Bayern-Fan wird's hierbei warm ums Herz.

Die eigens für die Allianz Arena eingerichtete U-Bahn-Station (U6) ist nicht weit entfernt. Generell ist die Mitnahme von Fahrrädern in der U-Bahn erlaubt, allerdings in Stoßzeiten bzw. wenn gerade ein Spiel beginnt/endet, äußerst unerwünscht. Dann sollte man den Weg lieber wieder aus eigener Kraft zurückstrampeln.

29 Zu den ganz großen Vögeln

ZUM FLUGHAFEN IM ERDINGER MOOS

Schwierigkeit Leicht

Weglänge 33 km, 3.30 Std.

Variante Flughafen–Erdinger Moos–München/Haus der Kunst 43 km

Tourencharakter Ohne Steigungen, auf ruhigen Wegen; um den Flughafen herum verkehrsreich

Ausgangspunkt München, Haus der Kunst

Endpunkte München, Haus der Kunst, oder S-Bahnhof Flughafen-Besucherhügel (S1, S8)

Karte Kompass-Wandern und Rad München und Umgebung WK 184, 1:50 000

Einkehr Seehaus im Englischen Garten, Kleinhesselohe 3, Tel. 089/381 61 30, kuffler-gastronomie.de; Hirschau und Aumeister s. bei Tour 3; Besucherhügel: Tante Ju's Speisenwerkstatt, Nordallee 7, Tel. 089/97 59 95 10

Information Munich Airport, Flughafen, Besucherpark, Nordallee 25, Tel. 97 54 13 33, munich-airport.de/besucherpark

Für technisch begeisterte Kinder mit ihren Eltern, aber auch ohne Kinder kann man sich für diese Tour begeistern. Ruhig geht's entlang der Isar zur pulsierenden Atmosphäre des großen Flughafens. Konditionsstarke Radler fahren durch die Naturlandschaft im Erdinger Moos zurück nach München.

Auf Radwegen geht es zunächst vom **Haus der Kunst** kreuz und quer durch den **Englischen Garten**. Im Jahr 1789 gab Kurfürst Karl Theodor den Auftrag, an der Isar einen Volkspark anzulegen, der auf den Namen Theodors-Park getauft wurde – Fried-

Ein beliebter Biergarten im Münchner Norden: der Aumeister

Badehungrige auf den Kiesbänken der Isar

rich Ludwig von Sckell entwarf jedoch einen englischen Landschaftsgarten, und so setzte sich dieser Name später durch. Heute unterscheidet man den Park in seinen quirligen Südteil mit Monopteros, Chinesischem Turm, Kleinhesseloher See und vielen Menschen und den wesentlich ruhigeren, verträumteren Nordteil ab dem Biergarten Hirschau.

Vor dem Brückchen zum Biergarten **Aumeister** wenden wir uns nach rechts, radeln über die schöne hölzerne **St.-Emmerams-Brücke** und folgen auf der rechten Seite dem Lauf der Isar etwa 20 Kilometer durch den idyllischen Auenwald. Vor der A 92 verlassen wir den Isar-Radweg, fahren entlang der Gleise, biegen rechts auf den Wirtschaftsweg, schlängeln uns zur Ismaninger Straße durch und beginnen unsere Runde um den **Flughafen**.

Der Besucherpark

172 Stufen führen auf den Besucherhügel hinauf, von dessen Aussichtsplattform man einen wunderbaren Blick auf das Vorfeld von Terminal 1 hat. Flugzeuge aus aller Welt beim Starten und Landen aus nächster Nähe zu beobachten, ist für Groß und Klein spannend. Auf der Wiese vor dem Hügel stehen drei historische Flugzeuge: eine Douglas DC-3, eine Junkers JU 52 (von 1937) und eine Super Constellation (von 1955). Mit 1 Euro Münzeinwurf kommt man durch die Drehtür und kann die alten Maschinen von innen besichtigen.

Der durchwegs asphaltierte Radweg im Bereich des Flughafens führt einmal durch und dann um den Flughafen herum. Die gel-

Historisches Ismaning

Ismaning blickt auf eine rund 1200 Jahre alte Geschichte zurück. Im Schloss ist ein Museum zur Kulturgeschichte untergebracht. Ständig wechselnde Sonderausstellungen ergänzen die Sammlung (schlossmuseum-ismaning.de; geöffnet Di–So 14.30–17 Uhr).

ben Schilder mit schwarzer Aufschrift »Flughafen München« bzw. »Flughafen München, Rundweg« begleiten uns auf den nächsten Kilometern. Terminals, Schnellstraßen, startende und landende Jets: Die Betriebsamkeit hier übt eine ganz eigene Faszination aus. Abkürzen kann, wer direkt zum **Besucherpark** fährt – dem Ziel der Tour.

Der Besucherpark ist kostenlos und durchgehend geöffnet. Auf dem 28 Meter hohen Besucherhügel kann man das Starten und Landen der Flugzeuge beobachten und das Geschehen auf dem Vorfeld verfolgen.

Noch näher am Geschehen ist man bei einer 60-minütigen Airport-Tour, bei der man einen Blick hinter die Kulissen erhält (Weitere Informationen zur Tour unter munich-airport.de, Tel. 089/97541333).

Für die meisten Radler ist hier der Ausflug zu Ende, und mit der S-Bahn (S8 und S1) geht's schließlich von der Station »Flughafen Besucherpark« ganz bequem zurück in die Münchner Innenstadt.

Die historischen Flugzeuge im Besucherpark

Links: Blick auf das Vorfeld von Terminal 1

Die ganz Sportlichen durchqueren noch das Naturschutzgebiet des **Erdinger Mooses**. Wer sich für diese Variante entscheidet, für den endet die Flughafenrunde am Aussichtshügel Süd, wo man sich nach links vom Flughafen abwendet, links in den Mittelgraben einfährt, auf die Ferstl-Straße stößt und links in den Birkenweg abbiegt. Wir nehmen Kurs auf das Örtchen Goldach, fahren links in die Schönstraße und in einem Links-rechts-Knick auf der Zenger-Straße und später der Goldacher Straße weiter. Auf der großen Münchner Straße halten wir uns rechts, biegen gleich darauf links in die Straße Freieneck, fahren dann links auf die Brennermühlstraße und rechts über das kleine Flüsschen Goldach. An der T-Kreuzung des Wirtschaftswegs biegen wir nach rechts und radeln immer weiter bis zur Moosstraße. Hier fahren wir links und treffen auf den Sempt-Isen-Radweg, der uns sicher nach Ismaning bringt. Vom Besucherpark bis nach Ismaning haben wir dann 33 km zurückgelegt.
Der Sempt-Isen-Radweg (Gesamtlänge ca. 65 km) beginnt in Schwindegg und führt durch das Erdinger Land. Endpunkt des Radwegs ist die Isar bei **Ismaning**, wo der Weg in den Isar-Radweg mündet, über den wir zurück nach München radeln.

30

Zwischen olympischem Flair und Amper

VOM OLYMPIAZENTRUM NACH OLCHING

Schwierigkeit Mittel

Weglänge 33 km, 3.30 Std.

Tourencharakter Vom Olympiazentrum über eine grüne Lunge entlang der Bahngleise des Rangierbahnhofs, durch den Allacher Forst, hier eine Steigung, meist auf land- und forstwirtschaftlichen Wegen, teilweise Schotterwege, ca. 6 km vor Olchinger See durch meist unbewohnte Gebiete, im Zweifelsfall Tour in Karlsfeld beenden. Landschaftlich reizvoll

Ausgangspunkt Olympiazentrum, U-Bahn-Station

Endpunkt Olching, S-Bahn-Station (Alternative: Allach, S-Bahn, oder Karlsfeld, S-Bahn, Gesamtlänge: 10 km)

Karte Kompass Fahrradkarte »München und Umgebung« (2021), 1:70 000

Einkehr Allach: Trattoria Olive, Oertelplatz 1, Tel. 089/ 81 89 70 89, trattoria-olive.com; Olching, Eschenried: Gaststätte Kreuzhof, Münchner Str. 40, Mi Ruhetag, Tel. 08131/870 11, kreuzhof-eschenried.de

Information Stadt Olching, Rebhuhnstr. 18, 82140 Olching, Tel. 08142/20 00, olching.de

Beim abendlichen Start in den Westen fahren wir vom Olympiapark aus Richtung Allach der Sonne entgegen. Im Allacher Forst fanden die letzten Kämpfe des Dreißigjährigen Kriegs statt. Heute ist er durch den Rangierbahnhof stark verkleinert.

Die U-Bahn-Station Olympiazentrum ist unser heutiger Startpunkt. Wir folgen dem direkten Weg Richtung Olympiastadion im nördlichen **Olympiapark**. Rechts befindet sich das Studentendorf und links Tennisplätze. Hinter den Tennisplätzen halten wir uns rechts und radeln zwischen Hochschulsportanlage und Nadisee Richtung Norden. Wir können jetzt kurzzeitig den **Wegweisern zum Lerchenauer See** folgen.

Der Hauptweg biegt leicht nach links ab. Vor der Brücke über die Landshuter Allee radeln wir rechts nach unten und fahren unten sofort wieder rechts entlang der großen Straße nach Norden. Wenn der Radweg nach rechts biegt, radeln wir links, überqueren die Moosacher Straße nach rechts an einer Ampel und fahren sofort wieder links weiter. Hinter einer ehemaligen Bahnunterführung biegen wir rechts ab und fahren zwischen Kleingartensiedlungen geradeaus. Wir durchqueren in kurzer Folge zwei Tunnel, biegen direkt dahinter links ab und setzen unseren Weg entlang der Bahngleise fort. Die Wegweiser zum Lerchenauer See haben damit ihre Schuldigkeit getan.

Dem Weg folgen wir geradeaus, überqueren die Lassallestraße auf einer Überführung. Die Schotterstrecke verläuft ein Stück nach unten und führt unter der Feldmochinger Straße durch einen Tunnel. Wir radeln weiter geradeaus, unterqueren die Dachauer Straße, die B 304, und kommen an einem Baggersee vorbei. Wer mag, kann sich hier erfrischen. Links von uns sehen wir den **Rangierbahnhof München Nord**. Kurz danach führt uns der Weg in den **Allacher Forst**. Wir folgen dem Waldweg, bis wir wieder auf eine Straße, Wilhelm-Zwölfer-Straße, gelangen.

Beeindruckende Architektur im Olympiapark München

Hier fahren wir rechts, überqueren die Autobahn und die Otto-Wartburg-Straße auf einer Brücke. Die Straße macht einen Rechts-links-Knick. Wenn wir zum **Schwabenbächl** kommen, fahren wir kurz links und gleich wieder rechts in die Mannertstraße. Nach wenigen Metern radeln wir links auf einen Fuß- und Radweg. Wir nutzen die Bahnunterführung, um auf die andere Seite der Gleise am **S-Bahnhof Karlsfeld** zu gelangen, und halten uns dann links. Beim Verlassen des Bahnhofsgeländes fahren wir links auf die Eversbuschstraße und sofort wieder rechts in die Eisolzrieder Straße. Kurz können wir dem Würmradweg folgen. Nach der Überquerung der **Würm** biegen wir die nächste Straße, den Weckerweg, nach links ab. Wir passieren auf der linken Seite einen Pferdehof, den **Spiegelhof**, und kommen in einer Linkskurve automatisch auf die Enterstraße.

VILLA ROMANTICA

Die Villa Romantica liegt herrlich am Olchinger See. Im Restaurant und auf der Terrasse können Sie gehoben speisen. Wer es einfacher mag, setzt sich in den angeschlossenen Biergarten, beide Male mit Blick auf den See.

Villa Romantica, Ascherbachstraße 85, 82140 Olching, Tel. 08142/6528028, villaromantica.de

Jetzt verlassen wir den Würmradweg wieder und fahren weiter geradeaus und schließlich mitten durch das Trainingsgelände des TSV Allach. Der Weg wird zu einem Feldweg. Er führt uns nach einigen Kurven zum Lippweg, auf dem wir nach rechts fahren. Er führt entlang der **Autobahn** und biegt nach kurzer Zeit nach rechts ab. Wir fahren ein kleines Stück kurz aufwärts, biegen rechts in die Hauptstraße, den Müllerstadelweg, und bei nächster Gelegenheit wieder links in Am Kurfüstenweg ab. Auf dieser Straße bleiben wir. Rechts erscheint der **Golfplatz Eschenried**. Hier fahren wir sofort links und folgen dem zu einem kleinen Pfad werdenden Weg bis zum Ende.

Dann biegen wir rechts auf den Feldweg ab, bis wir zur Münchner Straße kommen, fahren dort links und sofort wieder rechts in die Eschenrieder Straße. Noch bevor wir zur Autobahn kommen, radeln wir rechts in die Birkenhofstraße, bis wir zur nächsten querenden geteerten Straße gelangen. Hier fahren wir links, bei nächster Gelegenheit wieder links auf die Seestraße und dann sofort rechts auf den Dietschweg. Ab jetzt können wir uns auch an den **Wegweisern zum Olchinger See** orientieren.

Wir überqueren die **Autobahn** auf einer Brücke. Am Ende des Wegs fahren wir rechts und sofort wieder links auf den Hochholzweg. Wir überqueren einen Bach. Der Weg führt uns nach

Rangierbahnhof München Nord

Als der Rangierbahnhof München Nord geplant wurde, gab es heftige Widerstände. Ausgleichsflächen wurden geschaffen – wie der See nördlich der Gleise. Heute ist der Rangierbahnhof einer der modernsten in Deutschland. Auf den Brücken über dem Bahnhofswerk können wir die Sortierung der Wägen beobachten.

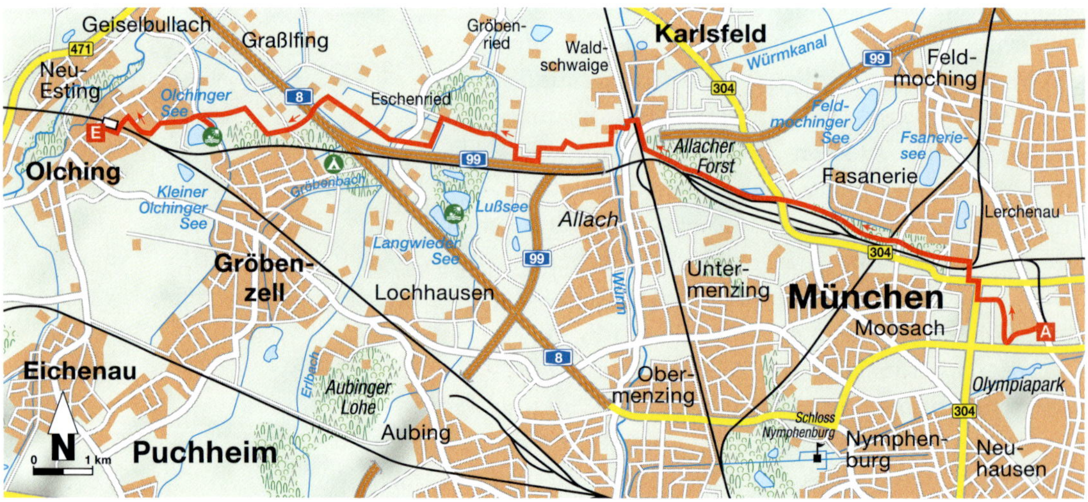

rechts und entlang des Baches weiter. Wir erreichen eine geteerte Straße, der wir folgen. Diese schlängelt sich etwas dahin. Abermals überqueren wir einen Bach. Links befindet sich der Parkplatz des **Olchinger Sees**. Direkt danach fahren wir auf der querenden Hauptstraße nach links und können bei der **Villa**

Romantica im schönen Biergarten oder auf der einladenden Veranda die Sonnenstrahlen genießen.

Um zur **S-Bahn-Station Olching** zu gelangen, fahren wir die gleiche Straße zurück und biegen direkt hinter dem Olchinger See links in die Neufeldstraße, der wir bis zur nächsten kreuzenden Straße, der Ludwigstraße bzw. Max-Reger-Straße, folgen. Hier radeln wir links weiter. Die Straße macht einen Rechtsknick und führt uns zunächst entlang der Bahngleise Richtung S-Bahnhof. Die nächste Straße nach links, Blumenstraße, biegen wir ein, fahren durch einen Tunnel unter den Bahngleisen hindurch und hinter dem Tunnel sofort rechts auf die Bahnhofstraße und gelangen zur S-Bahn-Station.

Umstrittenes Projekt, aber einer der modernsten Rangierbahnhöfe Deutschlands: der Rangierbahnhof München Nord

31 Alte Burg und die sagenumwobene Aubinger Lohe

VON OBERMENZING NACH EICHENAU

Schwierigkeit Leicht

Weglänge 20 km, 2 Std.

Tourencharakter Steigungen nur in der Aubinger Lohe. Die letzten 4 km nach dem Böhmer Weiher durch Wohngebiete. Strecke kann auch bei der Aubinger Lohe an der S-Bahn-Station Lochhausen beendet werden. Viele Grünflächen mit einigen Sehenswürdigkeiten. Gut machbar

Ausgangspunkt Verdistraße, Obermenzing, S-Bahn-Station

Endpunkt Eichenau, S-Bahn-Station (Alternative: Lochhausen, S-Bahn-Station, Gesamtlänge: 10 km)

Karte Kompass Fahrradkarte »München und Umgebung« (2021), 1:70 000

Einkehr Aubinger Lohe: Landgasthof Deutsche Eiche, Ranertstr. 1, Tel. 089/8649000, deutsche-eiche-1899.de; Eichenau: Restaurante Castanho, Olchinger Str. 8, Tel. 08141/2220524

Information Gemeinde Eichenau, Hauptplatz 2, 82223 Eichenau, Tel. 08141/7300, eichenau.org

Nur noch zwei Burgen aus dem Mittelalter sind im Münchner Umland erhalten: Burg Grünwald und Schloss Blutenburg. Agnes Bernauer lebte in der Blutenburg, bevor sie ihr trauriges Schicksal ereilte und sie auf Geheiß von Herzog Ernst, dem Vater ihres Liebhabers, in einem schnellen Prozess verurteilt und grausam bei Straubing in der Donau ertränkt wurde.

Wir starten am S-Bahnhof München-**Obermenzing** und fahren die Verdistraße ein kurzes Stück auf dem Radweg Richtung Autobahn A 8 in den Westen, wir erreichen die Bauseweinallee und überqueren an der Ampel die Verdistraße. Wir folgen der Beer-Walbrunn-Straße, bis diese in einen Feldweg übergeht. Bei dem nächsten T-Kreuz biegen wir rechts in einen Rad- und Fußweg. Jetzt können wir schon die **Blutenburg** sehen. Wir halten uns am Waldrand und fahren entlang der links von uns liegenden Felder auf die Blutenburg zu. Wir kreuzen die Meyerbeerstraße an einer Ampel und die Grandlstraße. Direkt hinter der Grandlstraße steuern wir rechts auf die Blutenburg zu.

Für eine Rast ist es noch etwas zu früh, auch wenn die Schlossgaststätte sehr einladend ist. Neben einer bedeutenden Jugendbibliothek mit dem Michael-Ende-Museum und dem Erich-Kästner-Zimmer blickt die Blutenburg auf eine lange Geschichte zurück. Agnes Bernauer, die qualvoll in der Donau ertränkt wurde, lebte hier.

Wir setzen unseren Weg fort und halten uns rechts Richtung Aubing. Wir kommen zu einer Ampel und überqueren hier die **Pippinger Straße**. Wir folgen dem Radweg und überqueren auch die nächste Straße, den Bertha-von-Suttner-Weg. Am Ende der Eisenhartstraße biegen wir rechts auf die Keyserlingstraße ab. Die Straße geht in die Petzetstraße über, die wir allerdings bei der nächsten Gelegenheit links in die Korfiz-Holm-Straße verlassen. Auf dieser radeln wir bis zum Ende und fahren dann rechts

Schloss Blutenburg mit seinem Wassergraben ist ein ehemaliges Jagdschloss.

auf den Radweg in der Alten Allee. Wir kreuzen die Bergsonstraße. Rechts befindet sich der **Obermenzinger Friedhof**.
Wir fahren auf der Mooswiesenstraße, bis nach kurzer Zeit die Hauptstraße nach links führt. Wir folgen dem Weg und überqueren auch die erste Straße An der Langwieder Haide. Kurz vor der nächsten großen Straße setzen wir unseren Weg links auf einem Feldweg fort. Er führt uns nahe an die **Autobahn** und dann links. Bei der nächsten Möglichkeit biegen wir rechts ab und gelangen wieder in die Nähe der Autobahn. Der Weg führt uns durch einen Bahntunnel und rechts entlang eines Baches, dem Quellsack.
Wir überqueren erneut eine Autostraße und fahren dann auf den **Aubinger Geschichtspfad**, der über den Autobahntunnel führt. Rechts von uns können wir schon die Aubinger Lohe sehen. Wir folgen dem Weg und

WALDWIRTSCHAFT

Der Wald in der Aubinger Lohe befindet sich auf der einzigen nennenswerten natürlichen Erhebung in der Münchner Schotterebene. An ihrem Rande liegt von Bäumen umringt die Waldwirtschaft Bienenheim. Sie bietet junge bayerische Küche an. Auf frisch zubereitete Speisen wird ausdrücklich Wert gelegt. Wer schnelles Essen bevorzugt, sollte sich eine andere Lokalität suchen. Bringen Sie Zeit mit. Es lohnt sich.

Waldwirtschaft Bienenheim, Bienenheimstraße 11, 81249 München, Mo Ruhetag, Tel. 089/89 55 59 27, waldwirtschaft-bienenheim.de

queren nochmals eine Autostraße, die Altostraße. Am Ende des Weges erreichen wir eine Straße, den Imkerweg. An diesem fahren wir scharf rechts. Der Imkerweg geht über in einen Feldweg, an dessen Ende wir links fahren.

Wir haben die **Aubinger Lohe** erreicht. Sofort nachdem wir in den Wald gefahren sind, halten wir uns links. An einem Marterl radeln wir rechts vorbei. Der Weg steigt jetzt kräftig an. Oben angekommen, geht ein Weg nach rechts weg, den wir nehmen. Nach kurzer Zeit teilt sich der Weg. Wir halten uns auf dem kleineren Weg geradeaus und stoßen auf einen besser befestigten Weg. Hier fahren wir links und gelangen nach einer leichten Rechtskurve an zwei kleinen idyllischen Seen vorbei. Bei dem zweiten führt links ein Weg durch eine Unterführung, dem wir folgen. Der Weg schlängelt sich, bis wir zu einer Teerstraße, der Bienenheimstraße, kommen. Hier fahren wir links und steuern auf das **Bienenheim** zu, einem netten Biergarten mit Essen aus lokalen Produkten.

Kurz vor dem Bienenheim biegen wir rechts in den ersten Feldweg. Wir überqueren die Federseestraße und radeln – links Felder, rechts Häuser – weiter geradeaus. Wir queren den Krähenweg, eine Autostraße, und gelangen über eine kleine Holzbrücke wieder auf einen Feldweg. An der nächsten Kreuzung biegen wir links ab und radeln über eine Brücke auf eine Holzhalle zu. Jetzt können wir einen kurzen Abstecher zum **Böhmerweiher** machen. Dazu setzen wir unseren Weg links an der Halle vorbei fort und passieren einen kleinen Fischweiher auf der lin-

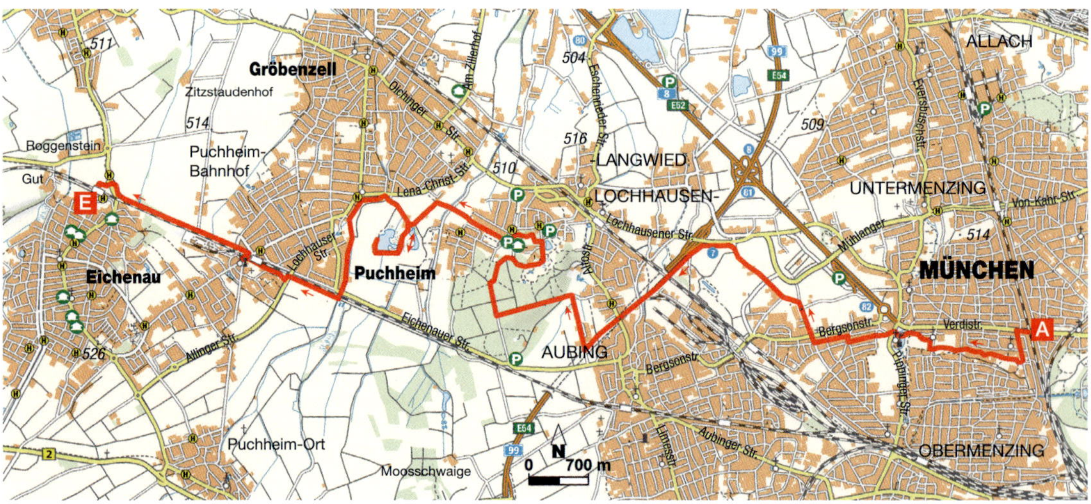

ken Seite. Rechts von uns befindet sich der Böhmerweiher. Wir umfahren diesen, bis der Weg schlechter wird. Der See ist zum Baden geeignet. Wer mag, kann hier seine Runden ziehen. Um unseren Weg fortzusetzen, radeln wir den gleichen Weg bis zur Holzhalle wieder zurück.

Diesmal fahren wir auf der anderen Seite der Holzhalle weiter. Wir radeln entlang eines kleinen Baches, dem Weihergraben, in Richtung einer Autostraße in **Gröbenzell**, der Lena-Christ-Straße.

Kurz bevor wir die Straße erreichen, radeln wir links auf einen Feldweg. Rechts verläuft der Gröbenbach. Bei nächster Gelegenheit queren wir den **Gröbenbach** nach rechts und fahren sofort wieder links. Der Weg ist teilweise nicht so gut zu befahren, da das Wurzelwerk schon Schäden angerichtet hat. Wir fahren auf dem Weg immer geradeaus, bis wir auf eine Straße stoßen, den Aubinger Weg.

Die Aubinger Lohe ist ein kleines hügeliges Naturparadies.

Diese Straße überqueren wir. Wir müssen uns bücken, um unter der Bahnbrücke hindurchzugehen. Direkt dahinter biegen wir rechts in einen Feldweg ein, der entlang der Bahnstrecke verläuft. Wir radeln unter einer hohen Autobrücke hindurch, biegen direkt dahinter links und bei nächster Gelegenheit wieder rechts ab. Wir gelangen auf die Kennedystraße, setzen unseren Weg direkt auf dem folgenden Rad- und Fußweg – Fröbelweg – entlang der Gleise fort und kommen zum **Bahnhof Puchheim**.

Wir setzen unsere Fahrt fort, indem wir sofort den Radweg rechts unter der Bahnunterführung nehmen. Hinter der Unterführung fahren wir sofort scharf links und gelangen wieder auf einen Radweg, dem wir folgen. Dieser verläuft auch entlang der Bahnlinie und führt uns zur Aubinger Straße, der wir jetzt folgen. Beim folgenden Kreisverkehr nehmen wir die zweite Abfahrt, die uns direkt zum **Bahnhof Eichenau** bringt.

Feldherrnhalle und Theatinerkirche am Odeonsplatz

Kultur-Touren

32 Durch die heimliche Radl-Hauptstadt

STADTRADFAHRT ZU BESONDEREN SEHENSWÜRDIGKEITEN

Schwierigkeit Leicht

Weglänge 25 km, 2.30 Std.

Tourencharakter Auf meist verkehrsarmen Wegen durch München, verkehrsreich an der Brienner Straße

Ausgangspunkt Sendlinger Tor

Endpunkt Odeonsplatz

Karte Kompass-Stadtpläne München City Plan SP 424, 1:12 500

Einkehr Stadtcafé im Stadtmuseum, St.-Jakobs-Platz 1, Tel. 089/26 69 49, stadtcafe-muenchen.de; Café Limulus im Schloss Nymphenburg, Maria-Ward-Str. 1b, Tel. 089/17 11 97 91, cafebar-limulus.com

Information Fremdenverkehrsamt München, Marienplatz/Im Rathaus, Tel. 089/23 39 65 00, muenchen.de

München bemüht sich Radl-Hauptstadt zu werden und hat im Zuge dessen das Radverkehrsnetz in den letzten Jahren enorm ausgebaut und verbessert. Diese Rundtour führt auf verkehrsarmen Wegen zu einigen der mit Sehenswürdigkeiten so reich bestückten Weltstadt mit Herz.

Am **Sendlinger Tor**, erstmals 1319 erwähnt und südlichster Teil der Stadtbefestigung, wenden wir uns nach rechts, radeln den Oberanger hinunter und biegen nach 300 Metern rechts zum **Jakobsplatz** ab, wo sich das **Stadtmuseum** (muenchner-stadtmuseum.de; geöffnet Di–So 10–18 Uhr) befindet. Untergebracht im historischen Zeughaus (um 1500) findet man in dem liebens- und sehenswerten Museum u. a. Exponate aus dem alten München. Zu den wertvollsten Ausstellungsstücken zählen die

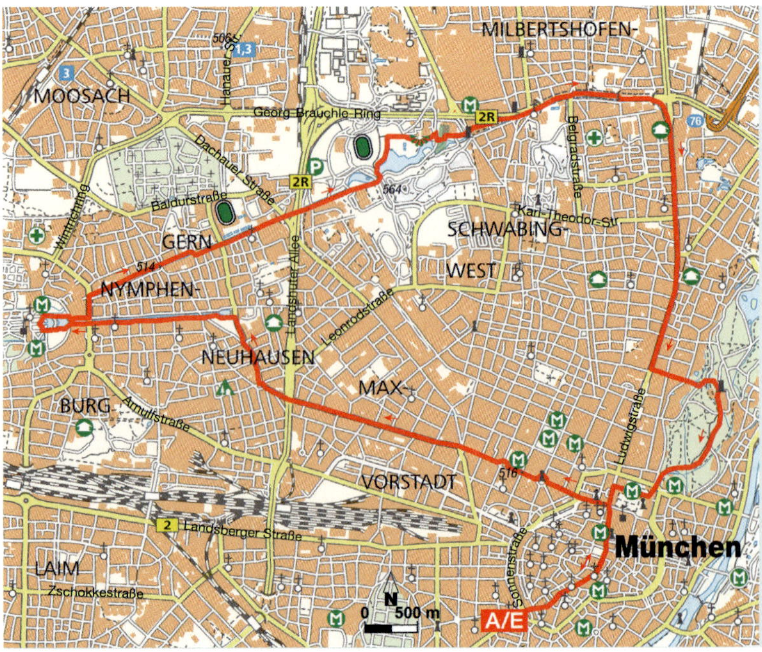

Rechte Seite: Blick auf das Rathaus vom Eingang des Spielzeugmuseums

Moriskentänzer von Erasmus Grasser (um 1480). Gegenüber vom Museum steht die Synagoge mit dem Jüdischen Museum, das die jüdische Geschichte, Kunst und Kultur in München thematisiert (juedisches-museum-muenchen.de; geöffnet Di–So 10–18 Uhr).

Wir überqueren den Platz, radeln auf der Prälat-Zistl-Straße zum weltberühmten **Viktualienmarkt**. Einst am Schrannenplatz

Blick vom Alten Peter auf die Münchner Innenstadt

(heute Marienplatz) angesiedelt, verkaufen hier nun seit über 200 Jahren die Händler in ihren typischen »Standln« ihre Viktualien (lat. Lebensmittel) – darunter ausgesprochen feine Schmankerl. Mittendrin, rund um den Maibaum und zwischen Weiß-Ferdl- und Liesl-Karlstadt-Brunnen, treffen sich Einheimische und Touristen aus aller Welt im Biergarten bei einer frischen Maß.

Zwischen **Heilig-Geist-Kirche** (rechts) und **Altem Peter** (links) radeln wir Richtung **Marienplatz**. Der Marienplatz mit Altem (gotisch, 14. Jh., von Josef Ganghofer) und Neuem Rathaus (neugotisch, 1909, mit Glockenspiel tgl. 11/12 Uhr, Turmbesteigung/ Lift Mo–Fr 10–17 Uhr), dem Fischbrunnen und der Mariensäule ist das Herzstück und Zentrum der Stadt.

Über Diener- und Residenzstraße geht's zum Odeonsplatz: Auf der Fahrt kommen wir beim Max-Joseph-Platz am **Nationaltheater** im klassizistischen Stil eines römischen Tempels (um 1818 im Auftrag König Maximilian I.) und am **Residenztheater** (daneben) vorbei. Beide gehören zu den renommiertesten Häusern in der Theaterlandschaft Deutschlands. Rechter Hand begleiten uns die herrschaftlichen Gebäude von Deutschlands größtem,

Radeln auf dem Königsplatz

über 600 Jahre altem Innenstadtschloss, der **Münchner Residenz**. Der ehemalige Wohnort der bayerischen Herzöge, Kurfürsten und Könige kann heute besichtigt werden, ebenso wie die königliche Schatzkammer mit Kunstwerken aus Gold und Juwelen (Museum und Schatzkammer geöffnet tgl. 9–18 Uhr).

Den **Odeonsplatz** dominieren die gewaltige, knallgelbe **Theatinerkirche** – die im Innern in schlichtem Weiß durch die massiven Säulen und einen majestätischen Hochaltar beeindruckt – und die **Feldherrnhalle**, 1841–1844 im Auftrag Ludwigs I. als Denkmal zu Ehren des bayerischen Heeres errichtet; sie galt als Übergang der historischen Altstadt zur »neuen« Prachtstraße, der Ludwigstraße.

Linke Seite: Durch den Olympiapark

Wir radeln links auf der verkehrsreichen Brienner Straße zum **Karolinenplatz** mit dem schwarzen Obelisken, der an die 30 000 gefallenen Soldaten im Russlandfeldzug 1813/14 erinnert, und weiter zum **Königsplatz**, wo Ludwig I. im Bau der Glyptothek, der Propyläen und der Staatlichen Antikensammlung sein Faible für die Kunst der Antike umsetzen ließ. Rechter Hand ist das **Lenbachhaus** angesiedelt. Die prunkvolle Villa des Malerfürsten Franz von Lenbach (s. Tour 40) ist seit 1929 ein Museum; 2013 erhielt sie einen modernen Anbau für die immense Sammlung der Expressionisten des »Blauen Reiters«.

Über den **Stiglmaierplatz** fahren wir entlang der Nymphenburger Straße zum **Rotkreuzplatz**, von wo es nach ca. 500 Metern rechts in die Waisenhausstraße und dann links zur Nördlichen Auffahrtsallee geht. Entlang des Kanals radeln wir auf **Schloss Nymphenburg** zu, das Kurfürst Ferdinand Maria 1664 zur Geburt seines Sohnes Max Emanuel erbauen ließ. 1845 stand hier die Wiege des »Märchenkönigs« Ludwig II. (schloss-nymphenburg.de; Schlossbesichtigung, Marstall- und Porzellanmuseum tgl. 9–18 Uhr).

Im Schlosspark darf leider nicht geradelt werden, daher fahren wir am Kanal zurück und links in die Menzinger Straße. Nach 300 Metern queren wir den **Biedersteiner Kanal** und biegen rechts in die Kuglmüllerstraße ein, der Beschilderung »Olympiapark« folgend. Zu den olympischen Spielen 1972 erbaut, gehören die Zeltdächer des **Olympiaparks** längst zum Wahrzeichen Münchens. Bei der abwechslungsreichen Fahrt durch das Gelände kommen wir an Olympiastadion, Schwimmhalle, Eiskunststadion, Olympiaturm, Theatron, der Sealife-Ausstellung und dem BMW-Museum vorbei. Sportliche Radler erklimmen den Olympiaberg und gönnen sich einen Rundum-Blick.

»Vom Ernst des Lebens halb verschont ist der schon, der in München wohnt.«

Eugen Roth, Schriftsteller

Wir verlassen das Gelände, durchfahren den **Petuelpark** und biegen rechts auf die **Leopoldstraße**. Entlang der beliebten Schwabinger Einkaufsstraße geht es nun schnurgerade durch das **Siegestor**, vorbei am Geschwister-Scholl-Platz und Deutschlands zweitgrößter Uni, der **Ludwig-Maximilians-Universität**, zurück zum **Odeonsplatz**. Von hier aus erreichen wir den Ausgangspunkt am Sendlinger Tor über Theatinerstraße, Marienplatz und Sendlinger Straße.

33

Zwischen Street-Art und altem Salzweg

DURCH HAIDHAUSEN UND BOGENHAUSEN

Schwierigkeit	Leicht
Weglänge	19 km, 1.45 Std.
Tourencharakter	Einige Wege in Parkanlagen und entlang der Isar sowie auf verkehrsarmen Straßen. Nur bei der Mauerkircherstraße eine größere Steigung, ansonsten flach
Ausgangs- und Endpunkt	Wiener Platz, München U-Bahn
Alternativer Endpunkt	Arabellapark, U-Bahn-Station (ca. 12 km Gesamtstrecke)
Karte	Kompass Fahrradkarte »München und Umgebung« (2021)
Einkehr	Arabellapark: Paulaners Wirtshaus im Westin Grand, Arabellastr. 6, Tel. 089/92648154, arabellapark-dining.com/paulaners; Haidhausen: Hofbräukeller, Innere Wiener Str. 19, Tel. 089/459 92 50, hofbraeukeller.de; Mezzodi, Steinstr. 57, mezzodi.de; Preysinggarten, Preysingstr. 69, 81667 München, Tel. 089/688 67 22, preysinggarten.com
Information	Landeshauptstadt München, Referat für Arbeit und Wirtschaft, Tourismus, Sendlinger Str. 1, 80331 München, Tel. 089/23 39 65 00, muenchen.de

Eine eindrucksvolle Street-Art-Galerie ist in der Unterführung beim Friedensengel entstanden. Der in Buchloe geborene Künstler Loomit brachte auch bei diesem Projekt viele internationale Street-Art-Künstler zusammen. Ganz in der Nähe befindet sich außerdem das Villenviertel Bogenhausen.

Der beschauliche **Wiener Platz**, ganz in der Nähe der U-Bahn-Station Max-Weber-Platz, ist heute unser Ausgangspunkt. Hier liegt der ursprüngliche Kern von Haidhausen, über die am Platz vorbeiführende Innere Wiener Straße rollten damals die Salzwagen aus dem Osten Richtung München. Der Salzhandel war im Mittelalter für München von außerordentlicher wirtschaftlicher Bedeutung.

Wir verlassen den Platz nicht über die Innere Wiener Straße, sondern fahren auf der rückwärtigen Seite des Platzes auf die Sckellstraße, die uns zum Maximilianeum führt. An der nächsten Kreuzung biegen wir links auf die Max-Planck-Straße. Wir umrunden das **Maximilianeum** ein Stück und folgen – noch bevor wir ganz unten angekommen sind – dem Wegweiser zum Isarradweg nach rechts. Wir erreichen die Isar und radeln ein gutes Stück rechts an ihr entlang.

Bei der nächsten Unterführung, der **Unterführung beim Friedensengel,** lohnt sich ein Stopp. Graffiti schmücken die kahlen Betonwände, die im Zuge eines Wettbewerbs entstanden sind. Unser Weg führt uns weiter die **Isar** entlang. Bei der nächsten Weggabelung verlassen wir die Isar und fahren nicht durch den Tunnel, sondern halten uns rechts.

Wir gelangen zur **Montgelasstraße** in Bogenhausen, an der wir kurz rechts auf dem Radweg entlangfahren. An der nächsten Fußgängerampel überqueren wir die Straße und radeln geradeaus in die Mauerkircherstraße. An der zweiten Straße, der Herzogparkstraße, biegen wir rechts ein und danach sofort wieder

Glaspalast-Brunnen am Weißenburger Platz

links in die Kolbergerstraße. Dieser folgen wir auch nach einem kurzen Rechts-Links-Knick bis zum Ende und radeln nach einer Linkskurve auf der Vilshofener Straße, bis diese endet. Wir fahren dann rechts in die Pienzenauerstraße, unterqueren den Mittleren Ring und radeln immer geradeaus. Die Straße wird nach einer Rechtskurve zur Rümelinstraße. Bei der nächsten großen Kreuzung biegen wir links auf die Mauerkircherstraße. Sie führt uns den Isarhang hoch.

Oben angekommen, fahren wir rechts in die **Oberföhringer Straße** und bei nächster Gelegenheit wieder links in **An der Salzbrücke**. Die Durchfahrt für Radfahrer ist hier erlaubt. Wir fahren immer geradeaus, überqueren auf einer Brücke die Effnerstraße und die Cosimastraße, in deren Mitte die Trambahn verkehrt. Nach einem kurzen Anstieg sehen wir rechts eine Gedenksäule für die Salzstraße, die hier noch vor der Gründung Münchens verlief.

ZUM KLOSTER

Das Restaurant Zum Kloster bietet gehobene und einfallsreiche Küche. Wer im Außenbereich des Restaurants an der kopfsteingepflasterten kleinen Straße sitzt, kann sich an dem Ambiente mit pittoresken historischen Herbergshäusern erfreuen.

Zum Kloster, Preysingstraße 77, 81667 München, Tel. 089/447 05 64;

Kurz hinter der Siedlung, die sich links von uns befindet, geht links der Ringhofenweg ab. Hier radeln wir nach rechts auf einen Schotterweg. Dieser führt uns im Grünen direkt auf die Stradellastraße. Am **Ränzigplatz**, wenn die Straße nach links führt, radeln wir auf einem Fuß- und Radweg weiter geradeaus, passieren eine Sperre aus Pfosten, biegen direkt dahinter rechts ab und radeln im Grünen geradeaus.

Ausgefallene Street-Art-Galerie an der Friedensengel-Unterführung

Am Ende der Grünanlage passieren wir eine Umlaufsperre, queren die Cosimastraße an der Fahrradampel und setzen unsere Fahrt auf der **Wahnfriedallee** fort. Kurz bevor die Straße zur Sackgasse wird, biegen wir links auf einen Schotterweg ein. Wir radeln bei der direkt folgenden Weggabelung links und den nächsten Weg rechts. Der Weg schlängelt sich durch die Grünfläche. Rechts sehen wir nach einiger Zeit einen Spielplatz, links taucht das **Höchl-Schlössl** auf. Der Lehmbaron Höchl lebte hier mit seiner Familie.

Der Weg führt uns vor dem Haus nach rechts. Nach kurzer Zeit erreichen wir die Odinstraße, auf die wir rechts einbiegen. Direkt hinter dem Grünstreifen auf unserer linken Seite biegen wir links auf die Einbahnstraße am **Normannenplatz** ein. Wenn der Grünstreifen links von uns ein wenig ansteigt, wechseln wir etwas links versetzt auf den darauf verlaufenden Rad- und Fußweg und überqueren auf einer Brücke die Englschalkinger Straße. Wir verlassen den Weg über eine Schranke und radeln links auf den **Rosenkavalierplatz** und vor dem Zebrastreifen gleich wieder rechts auf den offenen Platz vor uns.

Wir befinden uns jetzt im **Arabellapark**, radeln rechts am Cadillac-Kino vorbei und verlassen den verkehrsberuhigten Bereich über den Durchgang zwischen Deutscher Bank und Sheraton. Wir überqueren einen Parkplatz und radeln links auf die Arabellastraße. Der Straße folgen wir auch bei einer Rechtskurve und biegen danach rechts auf den Radweg entlang der Denninger Straße ein. Wir überqueren den Mittleren Ring und biegen danach die erste Straße, **Delpstraße**, nach links ab. Am Ende der Straße radeln wir rechts auf die Innstraße. Dieser folgen wir bis zum Ende, biegen links, dann sofort wieder rechts in die Sternwartstraße. An deren Ende an der nächsten Ampel radeln wir links, dann sofort wieder rechts in die **Höchlstraße**.

Wir befinden uns jetzt im alten **Bogenhausener Villenviertel**. Wenn uns die Straße nach links führt, sehen wir ein Eckhaus, dessen ehemaliger Besitzer Rudolf Diesel war. Rechts von uns verläuft der Herzogpark. Wir fahren die nächste Straße nach links, folgen dieser bis zum Ende, biegen dann links in die Ismaninger Straße, sofort wieder rechts in die Cuvilliésstraße ein und bewundern dabei die vielen Villen auf unserem Weg. Am Shakespeareplatz, am Ende der Straße, biegen wir rechts in die Keplerstraße ab. Der Weg führt uns zur Mühlbauerstraße, in die wir rechts abbiegen. Am **Prinzregentenplatz** fahren wir abermals rechts. Vom Radweg entlang der Prinzregentenstraße können wir links das Prinzregententheater sehen. Dann radeln wir am Käferrestaurant vorbei und biegen direkt dahinter links in die **Trogerstraße** ein, die uns zum Klinikum Rechts der Isar führen würde. Wir fahren aber die erste Straße nach links und sehen vor uns das Prinzregentenbad. Auf einem Fuß- und Radweg radeln wir rechts daran vorbei. Wenn wir die Grünanlage verlassen, biegen wir rechts auf die Nigerstraße, nehmen die zweite Straße links und fahren an deren Ende gleich wieder rechts auf die Kuglerstraße.

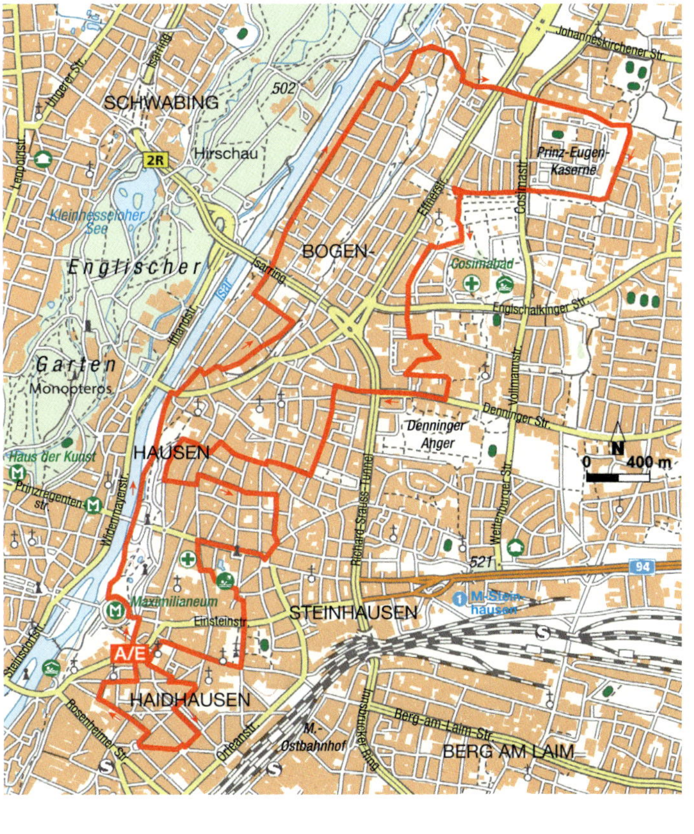

Wir überqueren die Einsteinstraße. Rechts von uns verlaufen die Mauern des **Friedhofs Haidhausen**. Die nächste Straße fahren wir rechts, dann geradeaus, bis wir links von uns den Haidhauser Dom sehen. Hier biegen wir links auf den **Johannisplatz**. Die bemerkenswert große **Kirche St. Johann Baptist** ist Ende des 19. Jahrhunderts entstanden. Es lohnt sich, die Kirche zu umrunden und sich auch den kleinen Park an der Kirche anzusehen. Wir biegen am Ende des Platzes links in die Obere Johannisstraße ein. An deren Ende fahren wir rechts und bei dem Restaurant Preysinggarten sofort wieder links. Danach biegen wir gleich wieder rechts in die Preysingstraße, wo wir das Holzhaus des Alpenvereins sehen. Die kleine, ruhige Straße führt nach rechts. Wir überqueren den Bordeauxplatz und biegen links auf die Wörthstraße ein. Die nächste Straße fahren wir rechts und gelangen zum Pariser Platz. An dem Kreisverkehr biegen wir in die zweite Straße, die Weißenburger Straße, rechts ab. Wir erreichen den Weißenburger Platz, fahren rechts und die nächste Straße, Kellerstraße, wieder links. Wir überqueren die Trambahngleise und fahren weiter geradeaus.

Die bunten Häuschen in Haidhausen

Linke Seite: Der Friedensengel glänzt golden im Sonnenlicht.

Skulptur Wotan

Wenn wir zur Odinstraße gelangen und dort links fahren, führt uns kurz nach der rechts abbiegenden Teutonenstraße links ein ganz schmaler Pfad in den Wald, der kaum erkennbar ist. Dort finden wir einen Wotan, den der Lehmbaron Höchl hier aufstellen ließ. Seine ehemalige Villa, das sogenannte Höchl-Schlössl, befindet sich im Wald dahinter. Der Wotan ist ein Zeugnis aus der Zeit Richard Wagners und des Germanentums.

Links von uns erhebt sich der **Gasteig**. Wer mag, kann sich hier die schönen Brunnen vor dem Gasteig ansehen, oder sich an Georg Elser erinnern. Er bereitete hier sein Attentat auf Hitler im Bürgerbräukeller über mehrere Wochen vor. Wir fahren allerdings die zweite Straße, Holzhofstraße, nach rechts, dann rechts auf den Platz vor der Kirche St. Johannes, setzen unseren Weg auf der Preysingstraße fort und biegen dann die nächste Straße, Steinstraße, links ein. Nach kurzer Zeit erreichen wir unseren Ausgangspunkt, den Wiener Platz.

39

Chinesische Pagoden und Blutegelfarm

GRÜNE RUNDE IN DEN MÜNCHNER WESTEN

Schwierigkeit Leicht

Weglänge 17 km, 1.30 Std.

Tourencharakter Hauptsächlich verkehrsarme Straßen und Parkwege. Keine nennenswerten Steigungen. Innerhalb Münchens zahlreiche Möglichkeiten, die Tour vorzeitig abzubrechen

Ausgangspunkt Sendlinger Tor, U-Bahn-Station

Endpunkt Pasinger Bahnhof, S-Bahn-Station (Alternative: Laim, U-Bahn-Station, ca. 8 km Gesamtlänge)

Karte Kompass Fahrradkarte »München und Umgebung« (2021), 1:70 000

Einkehr Laim: Laimers, Agricolastr. 16, Tel. 089/5466401, laimers.com; Pasing: Cantina in der Pasinger Fabrik, August-Exter-Str. 1, Tel. 089/55 06 03 65, cantina-pasing.de

Information Landeshauptstadt München, Referat für Arbeit und Wirtschaft, Tourismus, Sendlinger Str. 1, 80331 München, Tel. 089/23 39 65 00, muenchen.de

Im östlichen Teil des Westparks, der im Stil des Alpenvorlandes gestaltet ist, können wir herrliche Blumenbeete, eine nepalesische Pagode und einen See bewundern.

Wir starten am Oberanger an der U-Bahn-Station Sendlinger Tor, fahren stadtauswärts und überqueren den Altstadtring. Kurz hinter der Bushaltestelle am Beginn der Lindwurmstraße radeln wir sofort an einem abgesenkten Bordstein rechts. Wir erreichen den **Nußbaumpark**. Hinter der **Matthäuskirche** halten wir uns links. Nach einem kurzen Stück geradeaus verlassen wir den Park wieder, fahren kurz rechts auf die Ziemssenstraße und sofort wieder links auf die Nußbaumstraße. Wir verlassen das Uniklinikviertel, passieren dabei eine Schranke und folgen der Straße zwei Plätze querend immer geradeaus, bis wir zur **Theresienwiese** gelangen.

Diese queren wir kerzengerade, radeln durch einen Tunnel und gelangen nach kurzer Steigung wieder an die Oberfläche. Wenn die Festwiese von den Bauten des Oktoberfestes beherrscht wird, fahren wir alternativ südlich und bei der Bavaria hoch.

Vor uns sehen wir eine große, verkehrsberuhigte Straße. Auf dieser radeln wir an den renovierten Gebäuden der **alten Messe München** vorbei: der Kongresshalle und dem Verkehrszentrum des Deutschen Museums. Der Biergarten am Bavariapark lockt uns, aber wir sind ja erst gestartet. Kurz nach dem Hauptplatz mit der großen Schnecke biegen wir nach links ab und fahren weiter entlang des **Bavariaparks**. Hinter dem Park steigt der Weg leicht an. Bald haben wir rechts einen Blick auf die bunte, gläserne ADAC-Zentrale, passieren links einen großen Spielplatz, radeln über mehrere Brücken und gelangen in den **Westpark**.

Am Eingang des Westparks halten wir uns links vom See. Hinter dem See radeln wir links weiter. Wir erklimmen eine kleine Anhöhe, überqueren den Mittleren Ring und lassen unser Radl

rechts bergab laufen. Wir passieren das Bayerwaldhaus und halten uns unten angekommen rechts vom See.

Vor dem chinesischen Pavillon mit Chinagarten fahren wir rechts hoch. Der Weg ist etwas steil an dieser Stelle und am Beginn gepflastert. Oben angekommen, überqueren wir die Lindauer Autobahn und biegen danach sofort links auf einen Schotterweg ab. Wir unterqueren die Westendstraße.

Kurz nachdem uns der Radweg zu Trambahngleisen führt, biegen wir rechts in den Hechenwanger Weg ein, gelangen auf eine Autostraße, den Käthe-Bauer-Weg, setzen unseren Weg noch kurz geradeaus fort und nehmen die nächste Straße, Leibnitzstraße, nach links. Wir befinden uns jetzt in **Laim**. Dann biegen wir die zweite Straße nach rechts in die Rilkestraße, folgen dieser bis zum Ende, biegen dann links und sofort wieder rechts in die Flotowstraße. Wir folgen der Flotowstraße bis zum Ende, überqueren die zweispurige **Gotthardstraße** über einen kleinen Durchgang in der Mitte und setzen unseren Weg kurz links auf dem Radweg und danach sofort wieder rechts in der Kirchmairstraße fort.

Wir folgen der Kirchmairstraße bis zum Ende, folgen dann dem Straßenverlauf nach rechts in die Schrottstraße und biegen bei der nächsten Möglichkeit am Rande eines kleinen Grünstreifens am Fröbelplatz links ein. Wir gelangen zur **Agnes-Bernauer-**

Bavaria vor der Ruhmeshalle an der Theresienwiese, modelliert von Ludwig Schwanthaler

Herrliche Blumenpracht im Westpark

In der Alten Messe befindet sich das Museum Verkehrszentrum, eine Filiale des Deutschen Museums.

Straße und fahren auf dem Radweg nach links bis zur nächsten Ampel, überqueren dann die Agnes-Bernauer-Straße und fahren auf dem Radweg an ihr entlang.
Wir queren die **Fürstenrieder Straße**. Danach biegen wir die erste Straße, Lutzstraße, nach rechts und die dritte Straße, Perhamerstraße, nach links. Wir überqueren die Von-der-Pfordten-Straße und biegen danach links in die kleine Vohburgstraße. Bewundern Sie die Einfamilienreihenhaussiedlung »**Villenkolonie Schlosspark Laim**«, die Anfang des 20. Jahrhunderts entstanden ist. Nach einer Rechtskurve fahren wir geradeaus durch ein Tor auf den Agricolaplatz.
Am Ende des Platzes fahren wir vor dem Restaurant Laimers links in die Agricolastraße. Wir überqueren die Agnes-Bernauer-Straße und gelangen schließlich zur großen **Gotthardstraße**, an der wir rechts abbiegen. Wir radeln auf dem Radweg entlang der Straße. Links von uns sehen wir eine Baumschule. Wenn die Straße nach rechts führt, fahren wir geradeaus auf einen Rad- und Fußweg zwischen Kleingartensiedlung zur Rechten und Baumschule zur Linken. Nach einer leichten Rechtskurve sehen wir eine kleine Anhöhe und halten uns bei der Weggabelung links. Wir fahren jetzt geradeaus, bis der Weg an der Silberdistelstraße, einer geteerten, verkehrsberuhigten Straße, endet. Hier fahren wir rechts, die nächste wieder links, dann radeln wir, unseren weiten Blick genießend, weiter. Bei der nächsten Weggabelung halten wir uns links und gelangen zur **Blumenauer Straße**. Wir sind jetzt in **Pasing**, überqueren die Straße und fahren weiter

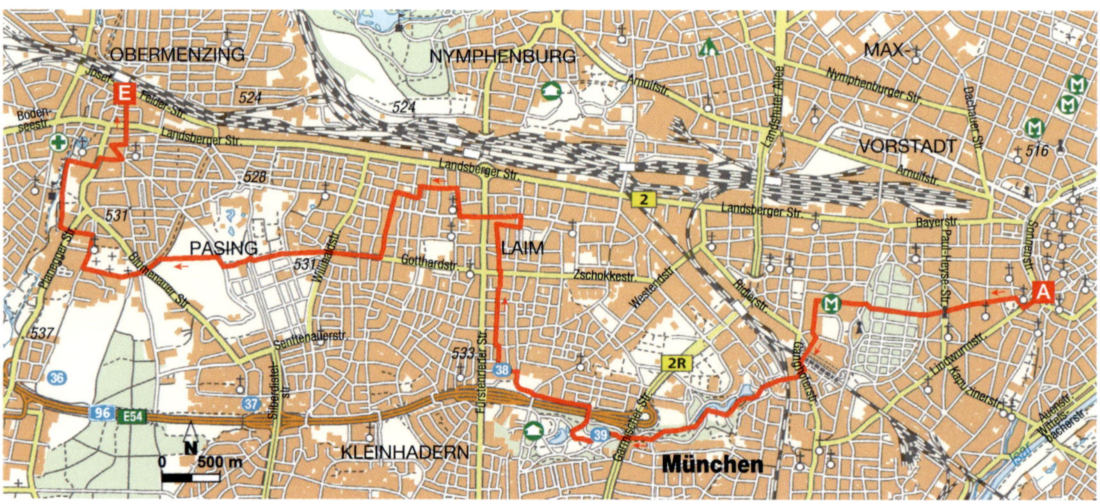

auf der geteerten Straße, dem Schlagweg. Wenn die Straße nach links führt, radeln wir geradeaus über eine Umlaufsperre auf einen für Fahrradfahrer und Fußgänger freigegebenen Schotterweg. Rechts befindet sich der **Pasinger Friedhof**. Wir gelangen nach einer weiteren Umlaufsperre wieder zu einer Straße. Hier fahren wir rechts. Die übernächste Straße, den Kraillinger Weg, fahren wir wieder links, radeln kurz auf einer Spielstraße und gelangen über einen schmalen Rad- und Fußweg zur Planegger Straße. Wir überqueren diese an der Ampel und fahren geradeaus in den **Pasinger Stadtpark**.

Der Weg führt uns in einer Rechtskurve entlang der Würm. Wir biegen nach einiger Zeit in die nächste Straße nach rechts, die durch eine Umlaufsperre vom Radweg getrennt ist. Links sehen wir einen kleinen Spielplatz und die Pfarrkirche Mariä Geburt. Hinter der Pfarrkirche befindet sich im Übrigen ein Schlossweiher, der früher als Umschlagplatz für Blutegel auf ihrem Weg nach Paris diente. Blutegel wurden damals häufig zur Heilung von Krankheiten in Pariser Spitälern eingesetzt, waren allerdings in Europa zu Beginn des 19. Jahrhunderts fast ausgestorben. Um den Transport der Blutegel aus Ungarn zu ermöglichen, hatten die Franzosen daher den Pasinger Schlossweiher als Zwischenplatz angemietet. Wir folgen der Straße, Engelbertstraße, bis zum Ende, biegen links in die viel befahrene **Planegger Straße** und sofort wieder rechts in die Peter-Putz-Straße. Auf der rechten und linken Seite sehen wir einige denkmalgeschützte Häuser.

Pasinger Bahnhof als sozialer Treffpunkt

Verkehrsreich, hektisch und wenig einladend – so zeigte sich der Bahnhofsvorplatz in Pasing vor nicht allzu langer Zeit. Durch die Verlegung der Straße zwischen Bahnhofsgebäude und Trambahngleise hat der Platz ganz neue Qualität gewonnen. Baufällige Gebäude, der ehemalige Bürklein-Bahnhof und das alte Pumpenhaus wurden liebevoll renoviert und laden auf einen Kaffee oder Cocktail ein. Auch auf der großen Fläche vor den Pasing Arcaden lässt es sich unter anderem entspannt in einer kleinen Sandbar verweilen. Der Pasinger Bahnhof hat sich zu einem neuen sozialen Treffpunkt gemausert.

Am Ende der Peter-Putz-Straße radeln wir links in die Josef-Retzer-Straße, abermals rechts in die Bodenstedtstraße und wieder links in die Bäckerstraße. Der Bäckerstraße folgen wir geradeaus, bis wir am **Pasinger Bahnhof** sind. Hier können wir den renovierten alten Pasinger Bahnhof bewundern. Vor allem das in neuem Glanz strahlende Bahnhofsgebäude des Architekten Friedrich Bürklein, der auch für die Maximilianstraße und das Maximilianeum verantwortlich zeichnet, ist einen Blick wert.

35

Entlang des Kanalsystems des Kurfürsten

GRÜNE RUNDE IM MÜNCHNER NORDEN

Schwierigkeit Leicht

Weglänge 23 km, 2 Std.

Tourencharakter Vorwiegend Parkanlagen und auf verkehrsarmen Straßen. Keine Steigungen. Da innerhalb Münchens, zahlreiche Möglichkeiten, die Tour abzubrechen.

Ausgangspunkt Odeonsplatz, U-Bahn-Station

Endpunkt Bahnhof Pasing (Alternative: Westfriedhof, U-Bahn-Station, ca. 13 km Gesamtlänge)

Karte Kompass Fahrradkarte »München und Umgebung« (2021), 1:70 000

Einkehr Westfriedhof: Nini Café Borstei, Franz-Marc-Straße 9, Tel. 089/92 28 81 11, nini-cafe-borstei.de; Gerners Wirtshaus & Bar, Dantestr. 33, Tel. 089/15 92 51 74, gerners-muenchen.de; Augustiner am Dante, Dantestr. 16, Tel. 089/15 78 08 01, augustiner-am-dante.de; Pasing: Cantina in der Pasinger Fabrik, August-Exter-Str. 1, Tel. 089/55 06 03 65, cantina-pasing.de

Information Landeshauptstadt München, Referat für Arbeit und Wirtschaft, Tourismus, Sendlinger Str. 1, 80331 München, Tel. 089/23 39 65 00, muenchen.de

Kurfürst Max Emanuel baute Kanäle, um Waren und Personen zwischen den Herrschaftssitzen transportieren zu können. Wir folgen einem Kanal nahe des Englischen Gartens bis zum Schloss Nymphenburg. Auf der letzten Etappe radeln wir an der Würm entlang zum neu belebten Pasinger Bahnhofsareal.

Wir starten heute am Odeonsplatz am Rand der Altstadt, fahren durch das Hofgartentor und radeln die Residenz entlang. Bevor der Weg auf eine Straße führt, biegen wir links ab und erklimmen eine kleine Anhöhe. Rechts von uns sehen wir die **Staatskanzlei**. Hinter der Staatskanzlei und dem Denkmal für die Widerstandskämpfer des Dritten Reichs biegen wir rechts ab und fahren durch einen Tunnel in den **Englischen Garten**.

Wir folgen dem Hauptweg und passieren den Chinesischen Turm. Bei dem Biergarten biegen wir links ab, überqueren eine Brücke und biegen wieder rechts ab. Wir radeln geradeaus, überqueren die geteerte Straße, setzen unseren Weg fort und sehen nach kurzer Zeit den Kleinhesseloher See. Links führt eine breite, gepflasterte Brücke über den Schwabinger Bach, über die wir den Englischen Garten verlassen. Direkt hinter der Brücke fahren wir rechts und bei nächster Gelegenheit auf die neben uns laufende **Biedersteiner Straße**.

Wir kreuzen den Mittleren Ring, kommen an der **Gaststätte Brunnwart** vorbei und fahren danach links auf die Luxemburger Straße. Dieser folgen wir, queren die Ungererstraße. Nach einem Rechtsknick der Straße biegen wir links in die Berliner Straße. Kurz vor einem starken Linksknick der Straße fahren wir rechts hoch zur Trambahnstation Am Münchner Tor. Dort queren wir bei nächster Gelegenheit die Gleise und lassen das Rad ein kurzes Stück bergabwärts laufen. Unten biegen wir links auf den Radweg. Wir überqueren die Ingolstädter Straße und radeln einen leichten Anstieg am Eingang des **Petuelparks** hoch. Wir

1664 ließ Kurfürst Ferdinand Schloss Nymphenburg als Geschenk für seine Frau Henriette zur Geburt des Thronfolgers erbauen.

passieren das Café Ludwig und sehen rechts Sport- und Spielplätze. An der folgenden Wegkreuzung radeln wir links. Dabei können wir dann dem Wegweiser zum Luitpoldpark und Olympiapark folgen.

Wir fahren über eine Brücke leicht nach unten und gelangen zur Belgradstraße. Diese überqueren wir bei der Ampel, fahren links und dann kurz entlang der Belgradstraße auf dem Radweg. Beim Eingang zum **Luitpoldpark** radeln wir den nächsten geteerten Weg rechts. Links sehen wir den Luitpoldberg, einen Münchner Schuttberg aus dem Zweiten Weltkrieg. Wir halten uns auf dem Hauptweg, der eine leichte Linkskurve macht. Wenn links ein als Radweg gekennzeichneter geteerter Weg einmündet, biegen wir nach rechts ab und verlassen den Park.

Wir erreichen eine Straße, biegen hier links ab und halten uns am Rand des Parks. Die Brunnerstraße macht dann einen Schwenk nach rechts. An der Ampel überqueren wir zunächst die **Schleißheimer Straße**, fahren dann links, überqueren die Lerchenauer Straße und biegen rechts in die Hornstraße ein.

SPEISEMEISTEREI

In der Speisemeisterei können Sie sich italienisch verwöhnen lassen. Und wenn es in der urigen Stube zu warm ist, lassen Sie es sich im Biergarten zwischen Olivenbäumen gut gehen.

Speisemeisterei, Westerholzstraße 1, 81245 München, Tel. 089/88 29 01, speisemeisterei-la-trattoria.de

Am Ende der Hornstraße fahren wir rechts und gelangen auf einen Radweg. Diesem folgen wir zum Biedersteiner Kanal. Jetzt befinden wir uns im **Olympiapark**. Hier fahren wir links entlang des Kanals, dann den nächsten Weg nach rechts und queren den Kanal. Dahinter radeln wir auf den schon sichtbaren Olympiaturm zu, fahren hoch zur Olympiahalle, lassen es dann wieder leicht bergab laufen und biegen nach der Olympiahalle und vor dem Olympiastadion rechts ab. Wir überqueren den Ring, fahren bei dem Denkmal an das Olympiaattentat links vorbei und kommen über eine Brücke, die uns über die Landshuter Allee führt. Nach der Brücke sehen wir rechts noch die letzten Reste des S-Bahnhofs Olympiastadion.

Unser Weg führt nach links. Wir fahren bei der nächsten Möglichkeit rechts und überqueren eine Brücke über den Georg-Brauchle-Ring. Der Weg führt uns danach leicht nach unten. Wir biegen bei nächster Gelegenheit nach rechts und radeln ein kurzes Stück den Mittleren Ring entlang. Am Ende des Radwegs führt dieser nach einer Rechtskurve auf eine Straße. Wer mag, kann hier einen Abstecher in die **Borstei** machen.

Ansonsten radeln wir links auf die Pickelstraße, um gleich wieder rechts in den Sapporobogen zu fahren. Wir überqueren an der Ampel die Dachauer Straße und biegen nach wenigen Metern in der Postillonstraße auf den nächsten Fuß- und Radweg nach links ein. Jetzt können wir der **Beschilderung bis Schloss Nymphenburg** folgen.

Wir überqueren wieder den Kanal und biegen danach sofort rechts auf einen Radweg, der in eine Fahrradstraße übergeht. An der nächsten Kreuzung fahren wir kurz rechts, überqueren die **Waisenhausstraße** an einem Zebrastreifen und radeln rechts vom Kanal weiter auf dem Fuß- und Radweg. Wir passieren eine Kleingartenanlage und gelangen wieder auf eine Straße.

Wir fahren immer geradeaus, bis links von uns eine kleine Fußgänger- und Radfahrerbrücke über den Biedersteiner Kanal führt. Hier queren wir den Kanal und radeln geradeaus, bis wir am **Nymphenburger Kanal** rechts auf die Nördliche Auffahrtsallee fahren. Das **Schloss Nymphenburg** können wir jetzt schon sehen und fahren darauf zu. Am Ende des Schlossrondells biegen wir rechts in die Maria-Ward-Straße ein und sofort wieder links auf die zunächst noch breite, geteerte Straße, die dann nach einem kleinen Rechtsknick zu einem Radweg wird. Der Weg führt entlang der Schlossmauer bis zur Menzinger Straße. Wir fahren ein kurzes Stück links von der Hauptstraße auf dem Radweg und biegen dann links in einen Waldweg ab, der uns weiter an der Schlossmauer entlangführt. Diesem Weg folgen wir und haben – je nach Jahreszeit – zwischendurch einen schönen Blick von einer Brücke über den Kanal zum Schloss. Kurz danach fahren wir rechts durch eine Bahnunterführung. Wir folgen jetzt der Beschilderung zum Schloss Blutenburg.

Schloss Blutenburg

Im Schloss Blutenburg weilte einst Agnes Bernauer, bevor sie zu ihrem Prozess abgeführt und schließlich bei Straubing in der Donau ertränkt wurde. Das Schlossrestaurant der ehemaligen Wasserburg lädt zu einem Umtrunk in seinem Biergarten vor dem kleinen See ein.

Hinter der Bahnunterführung biegen wir rechts in die Straße Am Nymphenbad ein und bei der nächsten Kreuzung rechts in die Frauendorferstraße. Nach nur wenigen Metern überqueren wir abermals einen Kanal und biegen sofort danach links auf den Rad- und Fußweg ein, der entlang des Kanals läuft.

Diesem folgen wir, bis wir auf die erste Straße stoßen. An der Meyerbeerstraße fahren wir rechts und die nächste – Feichthofstraße – wieder links. Bei der dritten Straße, der Rißheimerstraße biegen wir rechts ab. Am Ende der Straße fahren wir links in die Hofbauernstraße und an deren Ende gleich wieder rechts in den Schirmerweg.

Jetzt sehen wir schon **Schloss Blutenburg**. Wir umfahren den kleinen See vor dem Schloss. Wer mag, kann am Schlossrestaurant einen Halt mit Blick auf den See machen. Ansonsten fahren wir nun entlang der **Würm** Richtung Pasing. Dabei folgen wir den Wegweisern nach Pasing Bahnhof.

Der Weg führt uns wieder auf den Schirmerweg. Wir fahren immer geradeaus und nach einer Linkskurve rechts auf den Radweg, der uns entlang der Gleise an der **Pasinger Fabrik** vorbei zum Nordausgang des Pasinger Bahnhofs führt.

Entspannt radeln durch den Petuelpark

Unten: An der Bayerischen Staatskanzlei

36

Panoramaaussicht vom Müllberg

VON SCHWABING ÜBER DEN MÜLLBERG ZUM HARTHOF

Schwierigkeit Leicht

Weglänge 23 km, 2.30 Std.

Tourencharakter Zu Beginn forstwirtschaftliche Wege, teilweise an der Isar entlang geschottert. Kräftige Steigung beim Müllberg, kann ausgelassen werden

Ausgangspunkt Leopoldstraße/Ecke Martiusstraße, U-Bahn-Station Giselastraße

Endpunkt Knorrstraße, U-Bahn-Station Am Hart (Alternative: Fröttmaning Nähe Müllberg, U-Bahn-Station, Gesamtlänge ca. 12 km)

Karte Kompass Fahrradkarte »München und Umgebung« (2021), 1:70 000

Einkehr Aumeister, Sondermeierstr. 1, Tel. 089/18 93 14 20, aumeister.de; Wirtshaus am Hart, Sudetendeutschestraße 40, Tel. 089/377 796 02, wirtshaus-am-hart.de; Ziegelhaus, Knorrstr. 172, Tel. 089/316 57 51, ziegelhaus-muenchen.de

Information Landeshauptstadt München, Referat für Arbeit und Wirtschaft, Tourismus, Sendlinger Str. 1, 80331 München, Tel. 089/23 39 65 00, muenchen.de

Wenn man sich heute im Englischen Garten aufhält, glaubt man kaum, dass dieser einst nach seiner Freigabe von den Münchnern nicht angenommen wurde. Der etwas ruhigere Teil befindet sich nördlich der Stadtautobahn. Hier vereint sich der Park auch mit den Isarauen.

Heute geht es bei der U-Bahn-Station Giselastraße am Ausgang Leopoldstraße, Ecke Martiusstraße, los. Wir radeln auf der Martiusstraße geradeaus, überqueren den Schwabinger Bach und gelangen in den **Englischen Garten**. Nach einer ausgedehnten Rechtskurve biegen wir kurz vor dem Chinesischen Turm den nächsten größeren querenden Weg nach links. Wir sehen links eine große Wiese, passieren einen Kiosk, überqueren abermals einen Bach und radeln weiter geradeaus. Kurz hinter dem nach links führenden, geteerten Zugangsweg zum Seehaus fahren wir rechts auf einen breiten Waldweg. Wir überqueren abermals einen Bach, rechts von uns erscheint ein Holzhaus. Kurz danach macht der geteerte Weg eine Rechtskurve.

Wir radeln hier geradeaus auf einem Schotterweg und folgen diesem, bis wir zur **Isar** gelangen. Wir fahren links, unterqueren den Mittleren Ring und seine Zu- und Abfahrt, halten uns kurz links und biegen den nächsten Weg nach rechts ab. Wir passieren das **Tivolikraftwerk** und radeln geradeaus. Bei der nächsten Kreuzung fahren wir rechts und erreichen wieder die Isar, an der wir entlangradeln. Bald gelangen wir zum **Oberföhringer Wehr**. Hier überqueren wir die Isar. Am Ende des Wehrs halten wir uns links.

Wir können uns jetzt kurzzeitig an den Schildern zur **St. Emmeramsmühle** orientieren. Hinter dem Wehr verlassen wir den Hauptweg und fahren den zweiten Waldweg nach rechts. Der Weg bringt uns zum Mittleren Isarkanal, der rechts von uns hinter einem Damm fließt. Die nächste Brücke nach rechts führt uns über den Kanal. Wir radeln links auf die Straße St. Emmeram

Moderne Holzbrücke bei St. Emmeram

und erreichen den Biergarten. Direkt vor dem Biergarten biegen wir links ab. Wir überqueren erneut den Kanal, biegen dahinter sofort rechts ab, fahren an einem Kinderspielplatz und einem Denkmal für den heiligen Emmeram vorbei, überqueren die **Isar** über eine Holzbrücke und biegen direkt danach rechts auf einen Weg ab, der uns entlang der Isar führt.

Wir unterqueren in kurzer Folge drei Brücken. Nach einiger Zeit biegt der Weg nach links und führt nun entlang eines kanalisierten Baches. Wir können jetzt den **Wegweisern zur Allianz Arena** bis zur Fröttmaninger Kirche folgen. Bei der nächsten Weggabelung fahren wir rechts über den Bach und gleich wieder links entlang des Bachs. Nach kurzer Zeit führt der Weg nach rechts. Wir folgen dem Weg in einer Linkskurve, biegen gleich wieder rechts ab und überqueren erneut eine kleine Brücke. Wir fahren weiter geradeaus, passieren einen kleinen Parkplatz, verlassen den Wald und erreichen eine Straße, in die wir links einbiegen.

Wir überqueren die **B 11** und fahren rechts auf einen Radweg. Der Weg führt uns auf eine breite Straße. Rechts sehen wir den Müllberg, an dem wir entlangradeln, links befindet sich die Kläranlage Gut Großlappen. An der ersten Straße biegen wir nach rechts. Das Sackgassenschild und die Schranken halten uns nicht

ST. EMMERAMSMÜHLE

Das ehemalige Mühlengebäude beherbergt eine traditionsreiche Wirtschaft. Im Biergarten sitzen Sie unter Kastanien mit Blick auf grüne Wiesen und weidende Schafe.

St. Emmeramsmühle, St. Emmeram 41, 81925 München, Tel. 089/95 39 71, emmeramsmuehle.de;

auf. Nach kurzer Zeit gabelt sich der Weg. Wir halten uns rechts und folgen nicht dem Schild Richtung Arena. Nach kurzer Zeit sind wir an dem Kunstwerk »**Versunkenes Dorf**«, einer unbegehbaren Replik der Fröttmaninger Kirche. Der Künstler wählte als Thema das Verschwinden Fröttmanings.

Nur wenige Meter weiter findet man die originale **Fröttmaninger Kirche**. Bei guter Sicht lohnt sich der Anstieg zum **Müllberg**.

Stiefel im Garten der Mohr-Villa

Ansonsten kehren wir hier um und fahren denselben Weg bis zur Schranke wieder zurück. Jetzt radeln wir geradeaus. Die Straße steigt kurz leicht an und wir kommen in eine Siedlung. Wenn die Straße nach links führt, fahren wir geradeaus auf einen Radweg, der sich links von einem Haus befindet. Nun radeln wir immer geradeaus, bis wir eine Straße erreichen. Auf diese biegen wir rechts ein und folgen ihrem Verlauf.

Die nächste Straße fahren wir abermals rechts und überqueren die **Heidemannstraße** an einer Ampel. Wir folgen der Straße und radeln an ihrem Ende links in die Situlistraße. Die nächste biegen wir wieder rechts in die Heinrich-Grohe-Straße ab. An deren Ende fahren wir rechts auf den verkehrsberuhigten Bereich und unterqueren die U-Bahn (Tunnel). Nach dem Tunnel setzen wir unseren Weg weiter geradeaus fort, passieren einen Sportplatz auf unserer rechten Seite und gelangen zum Zenith an der **Lilienthalallee**. Hier fahren wir rechts, passieren das MOC, überqueren abermals die Heidemannstraße und biegen die erste Straße, Burmesterstraße, links ab, fahren geradeaus über den Fichtenweg und die Karl-Köglsperger-Straße zum Carl-Orff-Bogen.

Diesen überqueren wir und fahren sofort links auf den Radweg, der an ihm entlangführt. Nach wenigen Metern sehen wir rechts einen kleinen Grünstreifen. Hier biegen wir rechts ab. Am Ende des Wegs radeln wir links und halten uns dann bei der nächsten Weggabelung halblinks. Dem Weg folgen wir, bis wir wieder auf eine Straße treffen. Hier fahren wir rechts auf den Radweg und die nächste Straße, Untere Länge, gleich wieder links. Dieser folgen wir bis zum Ende, radeln dann links in die **Grusonstraße** und folgen dieser bis zur nächsten großen Kreuzung.

Hier biegen wir rechts auf den Radweg entlang der Heidemannstraße. Der **Heidemannstraße** folgen wir bis zum Ende und überqueren die Ingolstädter Straße an der Ampel, wir fahren kurz links auf den Radweg, dann gleich wieder rechts auf die Eulerstraße und kurz danach halblinks auf einen Fuß- und Radweg. Der Weg führt uns zur **Rathenaustraße**, der wir weiter geradeaus folgen. Nach einer Rechts-Links-Kurve verlassen wir die Straße und fahren links auf einen Radweg. Bei der Einmündung einer Grünfläche fahren wir auf dem Hauptradweg nach links. Der Radweg wurde auf einer früheren Trambahnstrecke gebaut. Wir queren die Permanederstraße. Bei der nächsten Fahrrad-/Fußgängerampel bei der querenden Sudetendeutschestraße fahren wir rechts, biegen an deren Ende links auf die Knorrstraße und erreichen dann die U-Bahn-Station Am Hart. Wollen wir allerdings noch einkehren, fahren wir links auf die Sudetendeutschestraße und erreichen nach wenigen Metern das Wirtshaus am Hart.

Fröttmaning – das versunkene Dorf am Müllberg

Seit dem Ende der 1960er-Jahre ist Fröttmaning eine Wüstung. Autobahnbau und Deponiegelände verdrängten das alte Dorf. Nur noch die ehemalige Dorfkirche Heilig Kreuz zeugt von der Vergangenheit. Eine nicht begehbare Nachbildung der Kirche von Timm Ulrichs soll noch daran erinnern: »Das versunkene Dorf am Müllberg«.

37

Die alte Bischofsstadt an der Isar

VON MÜNCHEN NACH FREISING

Schwierigkeit Leicht

Weglänge 37 km, 3.30 Std.

Tourencharakter Ruhig und idyllisch entlang der Isar

Ausgangspunkt München, Haus der Kunst/Prinzregentenstr. 1

Endpunkte München, Haus der Kunst, oder Bahnhof Freising (S1)

Karte Kompass-Wandern und Rad München und Umgebung WK 184, 1:50 000

Baden In der Isar

Einkehr München: Chinesischer Turm im Englischen Garten; Seehaus im Englischen Garten; Hirschau und Aumeister, s. bei Tour 3; Freising: Bräustüberl, Weihenstephaner Berg 10, Tel. 08161/13004, braeustueberl-weihenstephan.de; Weißbräu Huber, General-v. Nagel-Str. 5, Tel. 08161/548687, huberweisse.de

Information Tourist Information, Marienpl. 7 (im Asamgebäude), 85354 Freising, Tel. 08161/5444111, freising.de

Zu Beginn der Tour geht es kreuz und quer durch den Englischen Garten, wobei man gut auf Fußgänger achten muss. Je weiter man jedoch nach Norden vordringt, desto beschaulicher wird es. Entlang der Isarauen geht's auf einem ruhigen Radweg dahin, bis man plötzlich freie Sicht auf den Freisinger Dom hat.

Wir starten am **Haus der Kunst**, können aber auch an jeder anderen Isarstelle in die Tour einsteigen, denn wir halten uns strikt an die Ausschilderung des Isar-Radwegs. Bis **St. Emmeram** ist die Fahrt mit Tour 3 identisch (s. hierzu auch die Tour-Beschreibung zum Oberföringer Stauwehr).

Auf einem nicht asphaltierten Weg, aber gut befestigt, geht es nun entlang der Isar. Oft ist das Ufer zu steil, aber an einigen Stellen kommt man gut an den Fluss, um die müden Beine mal im Wasser baumeln zu lassen. Begleitet wird man von einem dichten Auenwald. Die Fahrt hat etwas Meditatives – Kinder würden es vielleicht als langweilig bezeichnen, denn es verändert sich nicht viel, bis sich kurz vor Freising der Wald lichtet und wir linker Hand groß und mächtig auf dem Burgberg den Freisinger Dom stehen sehen. Wir steigen an der Korbiniansbrücke aus dem Isar-Radweg aus und biegen links ab, um ins Herz der 1300 Jahre alten Stadt zu radeln.

Freising, älter als München, ist ganz eng mit dessen Entstehung verbunden. Im Jahr 1158 verlief ein bedeutender Salzhandelsweg von Reichenhall nach Augsburg. Bei Föhring musste eine Isarbrücke passiert werden, an der der Bischof von Freising kräftig Zoll abkassierte und so sich reich und Freising zu einer wohlhabenden Stadt machte. Der Welfenherzog Heinrich der Löwe jedoch war ebenfalls an dieser Brücke interessiert, und so fackelte er sie ganz nach mittelalterlichen Methoden kurzerhand ab, um flussaufwärts eine neue Brücke aufzubauen und einer kleinen Ansiedlung von Mönchen zur Verwaltung zu übergeben. Der

Freisinger Bischof beschwerte sich bei Kaiser Barbarossa, der jedoch die neuen Besitzverhältnisse am 14. Juni 1158 bestätigte – dies ist die Geburtsstunde Münchens.
Eine Ersteigung des Dombergs bietet sich an. Der **Dom Mariä Geburt und St. Korbinian** hat eine Länge von 78 Metern und

Herrschaftlicher Anblick: der Freisinger Domberg

geht mit seinen Grundmauern auf die Zeit Kaiser Barbarossas zurück (um 1159). Am romanischen Hauptportal sind die Steinskulpturen des Kaisers und seiner Gemahlin Beatrix zu sehen. Ab 1619 begann die Barockisierung der beeindruckenden Innenausstattung. In der ersten Hälfte des 17. Jahrhunderts wurden die berühmten Gebrüder Asam mit den Deckenfresken beauftragt. Der Hochaltar zeigt die Kopie des Rubengemäldes »Das apokalyptische Weib«, und prächtig sind auch die Kanzel, das Chorgestühl und die alten Grabsteine anzusehen. In der Krypta sind der Schrein des hl. Korbinians und, als Mittelpunkt, die »Bestiensäule« zu sehen, die komplett von Reliefskulpturen überzogen ist: Vier Ritter müssen darauf mit einer wilden Drachenmeute fertigwerden. Auffällig ist die Ausrichtung der Figuren: Während die Kämpfenden nach Westen zeigen, befindet sich auf der vierten Seite eine am Kampf nicht beteiligte Frau mit langen Zöpfen, einer Blume und einer Schale. Sie blickt nach Osten. Zwei Adler beobachten das Geschehen.

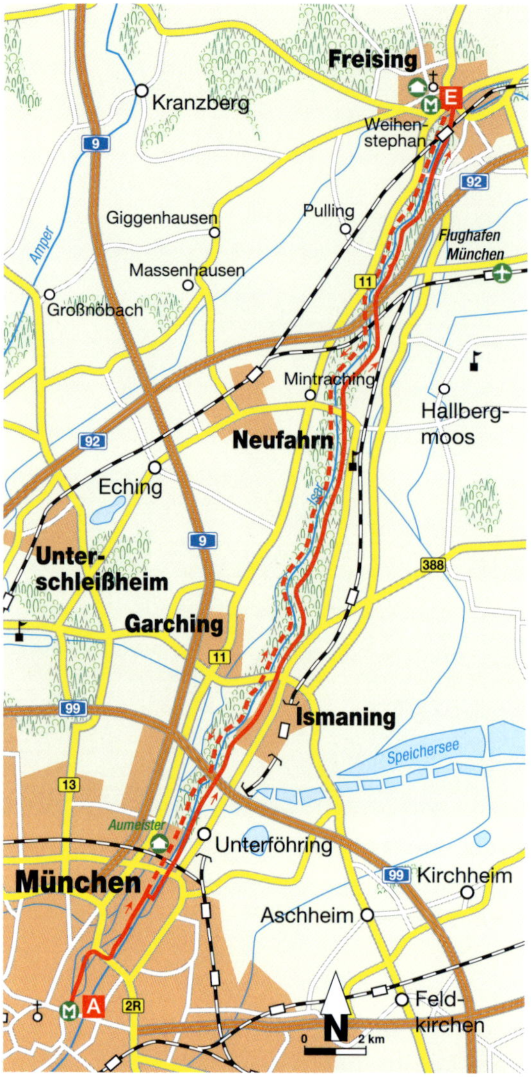

Rezept für den original Obazd'n

500 g Brie, 30 g Butter, 75 g Frischkäse, 1 Zwiebel, Paprikapulver, Kümmel, Salz, Pfeffer, 1 Schuss Bier
Den Brie »zerbaz'n« (zerdrücken) und mit den übrigen Zutaten mischen, mit Salz, Pfeffer und Kümmel abschmecken

In unmittelbarer Nähe zum Dom liegt das **Diözesanmuseum**. Es beherbergt die größte Sammlung für christliche Kunst in Deutschland und zeigt Bilder, Textilien und Goldschmiedearbeiten aus neun Jahrhunderten.
Radelt man vom Domberg hinab, gelangt man in die sehenswerte Altstadt von Freising. Historisches Zentrum ist der **Marktplatz** mit dem Asamgebäude. Hier befinden sich das Stadtmuseum, das Rathaus, die Mariensäule und die Pfarrkirche St. Georg, deren

Linke Seite: Der Freisinger Dom

Turm man besteigen kann. Lohnenswert ist es auch, noch einen weiteren Berg zu erklimmen: **Weihenstephan** liegt im Westen der Stadt. Die ehemalige Benediktinerabtei ist heute u. a. Wissenschaftszentrum für Ernährung und Umwelt der TU München sowie für Gartenbau (der Sichtungsgarten der TU kann besichtigt werden und bietet u. a. Anregungen für die eigene Gartengestaltung: Am Staudengarten 7; geöffnet tgl. von 9–18 Uhr) und für

Das Bräustüberl in Weihenstephan

Brauwesen – logisch, wo sonst, wenn nicht hier, denn schließlich ist Weihenstephan seit dem Jahr 1040 die älteste Braustätte der Welt. Was bietet sich besser an, als ein Besuch im hiesigen Bräustüberl, wo angeblich der »Obazda« erfunden wurde.

Wer nach dem Besuch und dem Genuss eines Original-Weihenstephaners noch nach Hause radeln möchte, der fährt wieder hinunter zur Korbiniansbrücke und radelt zur Abwechslung auf der anderen Seite der Isar zurück.

Alle anderen dürfen sich für die Heimfahrt entspannt in die S-Bahn setzen.

38

In die malerische Altstadt von Dachau

VON MÜNCHEN DURCHS DACHAUER MOOS

Schwierigkeit Leicht

Weglänge 38 km, 3.30 Std.

Zusatztour Dachau–Oberschleißheim–München/Pasing 35 km

Tourencharakter Gute Radwege ohne Steigungen

Ausgangspunkt München-Pasing

Endpunkte Bahnhöfe München-Pasing oder Dachau (S2)

Karte Kompass-Wandern und Rad München und Umgebung WK 184, 1:50 000

Baden Langwieder See, Olchinger See, Karlsfelder See, Waldschwaigsee

Einkehr Obermenzing: Schlossschänke Blutenburg, Tel. 089/811 98 08, schlossschaenke-blutenburg.de; Dachau: Zieglerbräu, Konrad-Adenauer-Str. 8, Tel. 08131/45 43 96, restaurant-hotel-dachau.de; Café-Restaurant Schloss Dachau, Tel. 08131/279 92 78, schloss-dachau.com

Information Tourist Information, Konrad-Adenauer-Str. 1, 85221 Dachau , Tel. 08131/752 87 oder 286, dachau.de

Vorbei an kleinen Badeseen und durch das ruhige Dachauer Moos radelnd, nähern wir uns der malerischen Stadt Dachau mit ihrem schönen Schloss und der historischen Altstadt. Eine Wegvariante führt am Olympia-Regattasee vorbei zum Schloss Schleißheim.

Vom Nordausgang des **Pasinger Bahnhofs** biegen wir links in den schmalen Hellihofweg, fahren über die Theodor-Storm-Straße in den Schirmerweg und an der Würm entlang zum ersten Highlight der Tour:
Schloss Blutenburg im Stadtviertel Obermenzing, idyllisch umschlossen von der Würm, mit altem Baumbestand und gotischer Schlosskapelle, einschließlich wertvoller Inneneinrichtung, ist eine kleine Oase mitten in der Stadt. Heute Sitz der Internationalen Jugendbibliothek, schaut es auf eine bewegte Vergangenheit zurück. 1432 erstmals urkundlich erwähnt, diente das Schloss Herzog Albrecht III. als Jagdsitz; seiner Geliebten Agnes Bernauer kaufte er ganz in der Nähe ein Gut. Den Unmut seiner Verwandtschaft zog er sich zu, als er die bürgerliche Schönheit heiratete. Das Glück der Ehe war von kurzer Dauer, denn Vater Herzog Ernst ließ sie verhaften und in Straubing von der Donaubrücke in den Tod werfen.
Wir überqueren die verkehrsreiche Pippinger Straße und fahren in den Bertha-von-Suttner-Weg. Über den Klarbachplatz geht's geradewegs in die Josef-Schlicht-Straße; ab hier folgen wir der Beschilderung »**Langwieder See**«. Wir fahren links am Biergarten vorbei, biegen dann rechts in die Eschenrieder Straße, unterqueren die A 8, radeln links Richtung Gröbenzell und wieder links in die Seestraße. Ein schöner Weg, vorbei an Pferdekoppeln, lässt den Lärm der A 8 vergessen, die wir auf einer Brücke überqueren müssen, um zum **Olchinger See**, der zweiten Bademöglichkeit, zu gelangen.
Wir verlassen das Gelände auf der Ascherbacher Straße, fahren

Blumenrabatten zieren den Park des Dachauer Schlosses.

am Kreisverkehr rechts auf die Gröbenzeller Straße und folgen nun der Ausschilderung des »AAR« (Ammer-Amper-Radweg). Der beschauliche Weg entlang der Amper führt direkt nach **Dachau**, wo unser Blick von den Mauern des Schlosses angezogen wird.

Im Jahr 805, zur Zeit Karls des Großen, erstmals urkundlich erwähnt und damit älter als München, besitzt Dachau eine gut erhaltene Altstadt mit historischen Bürgerhäusern, die mit Schloss und Hofgarten seit 1984 unter Ensembleschutz stehen. Erklimmt man zuerst den Schlossberg, genießt man von hier aus eine unglaubliche Sicht auf München und bis zum Gebirge. Der Gang durch den wunderschön mit Blumen angelegten Hofgarten ist Pflicht und Vergnügen. Um 1100 als Burg erbaut, zerstört und zwischen 1546 bis 1573 als Renaissanceschloss wieder aufgebaut, kann man bei der Besichtigung u.a. im Festsaal eine

KZ-Gedenkstätte Dachau

Leider ist mit dem Namen Dachau auch ganz eng die dunkelste Zeit Deutschlands verbunden. Jährlich kommen Tausende Besucher aus aller Welt nach Dachau, um hier die KZ-Gedenkstätte zu besuchen. Das Museum auf dem ehemaligen Häftlingsgelände ist ein Ort der Erinnerung und informiert ausführlich über die Geschichte des KZs, in dem insgesamt 41 000 Menschen ermordet wurden.

KZ-Gedenkstätte Dachau, Pater-Roth-Straße 2a, 85221 Dachau, Tel. 08131/669970, kz-gedenkstaette-dachau.de; geöffnet täglich 9–17 Uhr

wunderbare Renaissance-Holzkassettendecke bewundern (geöffnet April–Sept. 9–18 Uhr, Okt.–März 10–16 Uhr, Mo geschlossen). Bummelt man durch die schönen Gassen Dachaus, kommt man unweigerlich zur Pfarrkirche St. Jakob, deren 44 Meter hoher Turm die Altstadt überragt. Ende des 19. Jahrhunderts

Blick auf den Langwieder See

siedelten sich in den ländlich reizvollen Gegenden um München herum Künstlerkolonien an – eine davon auch in Dachau. Die Idee war, in freier Natur im Zusammenspiel mit der Landschaft und den Einwohnern eine neue Kunstrichtung zu schaffen. Werke aus dieser Zeit kann man im Bezirksmuseum (Augsburger Str. 3, Tel. 08131/5670) oder in der Gemäldegalerie (Konrad-Adenauer-Str. 3, Tel. 08131/56750, beide geöffnet Di–Fr 11–17 Uhr, Sa/So 13–17 Uhr) besichtigen.

Wir radeln den Schloßberg wieder hinunter, queren die Amper auf der Ludwig-Dill-Straße, die nach der Rechtskurve zur Schillerstraße wird. An der Münchner Straße biegen wir nach rechts und gleich wieder nach rechts in die Hermann-Stockmann-Straße. An der Eduard-Ziegler-Straße

Langwieder See

Am Langwieder See kann man eine Badepause einlegen. Die künstlich angelegte Seenlandschaft, entstanden beim Kiesaushub für den Bau der Autobahn in den 1930er-Jahren, ist ein beliebtes Ausflugsziel der Münchner.

geht's nach rechts und gleich wieder links in die Langwieder Straße, wo es entlang des Gröbenbachs bis zum idyllisch gelegenen **Waldschwaigsee** geht, der nochmals zu einem Bad einlädt. Auf der Westseite des Sees bringen uns der Hadinger Weg und später die Müllerstadelstraße über die A 8 zum **Langwieder See**. Ab hier radeln wir wieder auf dem uns schon bekannten Weg zurück nach **Pasing**.

Das geschichtsträchtige Schloss Blutenburg

Tour-Verlängerung von Dachau nach Oberschleißheim:
An der Ostseite des Dachauer Bahnhofs folgt man den Symbolen des Münchner Radlrings über die Wiener Straße und kommt nach einem Linksknick zur großen Schleißheimer Straße. Nach etwa fünf Kilometern tauchen wir wieder in die schöne Mooslandschaft ein und erreichen die **Ruderregattaanlage**, die 1972 für die Olympischen Spiele in München angelegt wurde. Von der Tribüne aus kann man die Ruderer beim Training beobachten. Dahinter verläuft, versteckt am Waldrand, ein Forstweg, der uns über die A 92 auf die Veterinärstraße bringt und im Weiteren geradewegs zur Schlossanlage **Oberschleißheim**. Das prachtvolle barocke Neue Schloss gab Kurfürst Max Emanuel um 1700 in Auftrag. In den prunkvollen Sälen befindet sich eine bedeutende Gemäldesammlung europäischer Barockmaler. Im Schloss Lustheim, Jagd- und Gartenschloss des Kurfürsten, ist eine berühmte Porzellansammlung zu sehen. Die Dauerausstellung im Alten Schloss zeigt unter dem Titel »Das Gottesjahr und seine Feste« eine Sammlung religiöser Objekte aus aller Welt (geöffnet Di–So 9–18 Uhr).
Wir fahren dieselbe Strecke wieder zurück, umrunden den Regattasee und radeln dann am Kaltenbachweg nicht Richtung Bundesstraße, sondern geradeaus durchs Dachauer Moos und gut ausgeschildert über den Karlsfelder See zum idyllisch gelegenen Waldschwaigsee. Weiter geht's dann wie bei der Hauptroute beschrieben.

39

Mittelalterliche Kostbarkeiten

AUF DEM AMMERSEE-RADWEG NACH LANDSBERG AM LECH

Schwierigkeit Leicht

Weglänge 60 km, 5.30 Std.

Zusatztour München/Pasing–Weßling 21 km

Tourencharakter Verkehrsreich bis Weßling, dann flach und ruhig auf guten, naturnahen Wegen

Ausgangspunkte Bahnhöfe Pasing oder Weßling (S8)

Endpunkt Landsberg am Lech (RB; stündlich nach München, Fahrtdauer ca. 1 Std.)

Karte Kompass-Wandern und Rad Landsberg am Lech, Ammersee WK 189, 1:50000

Baden Weßlinger See, Ammersee

Einkehr Stegen: Seehaus Schreyegg, Landsberger Str. 78; Landsberg: Gasthof Mohren, Hauptstr. 148, Tel. 08191/9694700, mohren-landsberg.de; Gaststätte Fischerwirt, Roßmarkt 197, Tel. 08191/50728, fischerwirt-landsberg.de; Max und Moritz, Schwaighofstr. 5, Tel. 08191/940 69 36, maxmoritz-landsberg.de

Information Tourist Information, Rathaus, Hauptplatz 152, 86899 Landsberg am Lech, Tel. 08191/128246, landsberg.de

Rechte Seite: Zahlreiche Cafés am Lech laden zu einer Pause ein.

Von Pasing führt unsere Tour zum altehrwürdigen Kloster Sankt Ottilien. Auf ruhigen Wegen radeln wir dann in die mittelalterliche Stadt Landsberg, deren Altstadt von einer gut erhaltenen Stadtmauer mit Türmen und Toren ummantelt ist, die sakrale Bauwerke und historisches Flair zu bieten hat und an deren Lechufer man entspannt sitzen kann.

Wir starten am **Pasinger Bahnhof** und radeln zum **Weßlinger See** bzw. starten direkt an diesem. Dabei halten wir uns an den »AM«-Radweg (Ammersee-Radweg), rollen nach **Inning** und weiter nach **Stegen**, dort am einladenden Biergarten vorbei und bis nach **Eching**. Ein Badeabstecher von diesen drei Orten zum **Ammersee** ist nach Lust und Laune gut möglich.

Nachdem wir in Eching die große Straße überquert haben, beginnt eine beschauliche, abwechslungsreiche Fahrt. Man durchrollt den netten, kleinen Ort **Pflaumdorf** und hat von hier schon einen herrlichen Blick auf das Kloster St. Ottilien. Das Asphaltsträßchen führt durch die leicht hügelige Felder- und Weidelandschaft, dann leitet uns ein kleiner Weg rechts zum **Kloster St. Ottilien**.

Wir fahren durch **Eresing**, genießen den schönen, schattigen Mischwald und radeln dann auf freiem Feld gemütlich nach **Penzing**. Ab hier geht es auf dem Radweg entlang der Hauptstraße direkt nach **Landsberg am Lech**.

Der Besucher wird durch das farbenprächtige Wahrzeichen der Stadt begrüßt: Das Bayertor (1425) war ein Teil der mittelalterlichen Stadtbefestigung, von dessen Zinnen im Kriegsfall die Stadt verteidigt werden konnte. Eine Turmbesteigung ist möglich (siehe unter Sehenswürdigkeiten auf landsberg.de, Besichtigung tgl. Mai–Okt. 10–12/14–17 Uhr).

Wie bei der Gründung Münchens spielten auch in Landsberg Herzog Heinrich der Löwe und das kostbare Handelsgut Salz

eine wesentliche Rolle. Der Herzog ließ 1158 eine Brücke über den Lech bauen und errichtete zum Schutz derselben eine Burg, um die sich rasch eine Ansiedlung entwickelte. Schon im 13. Jahrhundert erhielt das strategisch wichtige Landsberg das Stadtrecht und kam durch den Salzhandel und durch den Transport diverser Güter wie Holz und Getreide über den Lech schnell zu Wohlstand. Trotz schicksalhafter Ereignisse – schwedische Truppen töteten im Dreißigjährigen Krieg einen großen Teil der Bevölkerung – ist

Kloster St. Ottilien

Der kleine Weiler Emming besaß eine kleine Kapelle, die der hl. Ottilia geweiht war, deren Wallfahrt seit 1365 belegt ist. 1887 gründete der Benediktiner Pater Amrhein das Kloster. Seither ist St. Ottilien eine Erzabtei des Ordens der Missionsbenediktiner – ca. 130 Mönche leben hier, davon etwa 25 in der Mission. Mittelpunkt ist die dreischiffige gotische Abteikirche mit dem 75 m hohen Turm. Das Missionsmuseum (geöffnet tgl. 10–17 Uhr) zeigt die Tierwelt und eine völkerkundliche Sammlung aus den vor allem afrikanischen Missionsgebieten.

die Altstadt mit ihrer Stadtmauer heute noch in hervorragendem Zustand. Entspannt sitzt man nach der Besichtigung am breiten Lechwehr im Café oder auf den Stufen, wo man den Wassermassen zusehen kann, die über fünf Holzstufen hinabbrausen.

Entweder fährt man anschließend mit der Regionalbahn nach München zurück, oder man entscheidet sich für die äußerst beschauliche Radl-Rückfahrt: Vom breiten **Lechwehr**, das seit dem 14. Jahrhundert existiert, geht es auf der »Romantischen Straße« aus der Stadt hinaus, immer am rauschenden Lech entlang und durch die **Pössinger Au**, einem schön angelegten Wildpark mit Dam- und Schwarzwildgehegen, kleinen Bächlein, einer Kneippanlage, Schautafeln und einem Ausflugslokal.

In **Pitzling** orientieren wir uns am Schild »Stoffen«, radeln auf einer ruhigen Landstraße bergauf, dann weiter nach **Lengenfeld** und folgen schließlich dem Schild »R 5« durch den **Hofstettener Wald**. Nach einer Steigung öffnet sich der Blick auf den Ort und aufs Gebirge.

In **Hofstetten** fahren wir rechts und gleich wieder links am Sportplatz vorbei. Das schmale Sträßchen schlängelt sich nun

Sehenswertes Landsberg/Lech

Die zahlreichen Sehenswürdigkeiten in der Altstadt sprengen den Rahmen dieses Buches. Am Hauptplatz hat die Tourist-Info im historischen Rathaus auch sonntags von 10–17 Uhr geöffnet – hier erhalten Sie einen Stadtplan mit allen Highlights. Zwei besondere Kleinode seien aber erwähnt: die Johanniskirche, entworfen von Dominikus Zimmermann, mit einem einzigartigen Rokokoaltar, und die Stadtpfarrkirche, eine mächtige Pfeilerbasilika (15. Jh.) mit kunsthistorisch wertvoller Ausstattung, u. a. einer Madonna von Hans Multscher, spätgotischen Glasgemälden, einem Hochaltar von Jörg Pfeiffer und Holzplastiken von Landsberger Bildhauern.

durch die hügelige Landschaft mit weitem Blick nach allen Seiten und führt zum **Windach-Speicher**.

Wir radeln weiter auf dem R 5 und durch **Finning**, bis vor der Kirche die größere Sonnenstraße abgeht; hier biegen wir rechts ab und fahren, dem Schild »Lindenhof« folgend, links in den Wald (R 8) und nach **Windach**. Dort folgen wir der Lindenstraße, halten uns links an die Mühlbachstraße, radeln über das Feld in die Raiffeisenstraße und schlängeln uns schließlich durch bis zur Autobahnbrücke. Nun geht es durchs **Pflaumdorfer Moos** zum Ammersee-Radweg und zum **Abzweig St. Ottilien**.

Ab hier fahren wir auf dem schon von der Hinfahrt bekannten Weg wieder zurück nach **Pasing**.

Beschauliche Fahrt entlang des Lechs

40

Wo Spargelträume wahr werden

ZUM SPARGELMUSEUM IN SCHROBENHAUSEN

Schwierigkeit Schwer

Weglänge 68 km, 5.30 Std.

Zusatztour München/Pasing–Dachau 16 km; Dachau–Petershausen 24 km

Tourencharakter Lange Tour, hügelig durchs bäuerliche Land

Ausgangs-/Endpunkt Bahnhof Petershausen (S2)

Karte Kompass-Wandern und Rad München und Umgebung WK 184, 1:50 000; Kompass-Wandern und Rad Donau WK 161, 1:50 000

Einkehr Schrobenhausen: Bauernbräu, In der Lachen 2, Tel. 08252/88 12 00, altstadthotel-schrobenhausen.com; Gasthof Stief, Aichacher Str. 21, Tel. 08252/76 09, gasthof-stief.de

Information Stadt Schrobenhausen, Lenbachpl. 18, 86529 Schrobenhausen, Tel. 08252/900, schrobenhausen.de

Wer kennt sie nicht, die berühmte weiße Stange – eine Leckerei, die bereits den Griechen und Römern bekannt war. Unsere Tour führt in munterem Auf und Ab durchs bekannteste bayerische Spargelanbaugebiet zum einzigen europäischen Spargelmuseum und ermöglicht einen Bummel durch die historische Altstadt Schrobenhausens.

Der Weg von München ist sehr weit, deshalb empfehlen wir, in **Petershausen** am S-Bahnhof zu starten. Wer trotzdem die lange Tour wagt, radelt zuerst nach Dachau (s. Tour 38) und weiter auf dem Ammer-Amper-Radweg bis Ampermoching. Dort verlässt man den Weg und begibt sich auf geradem Weg über Lotzbach, Biberbach, Kammerberg und Kolbach nach Petershausen.

Wir verlassen den S-Bahnhof Petershausen, fahren auf der Bahnhofstraße rechts und weiter auf der Indersdorfer Straße, unter dem Bahngleis hindurch und auf dem Westring über die Weiler **Sollern**, **Thann** und **Brunnhof** nach **Jetzendorf**. Durch bäuerliches Land mit weiten Feldern halten wir uns nun bis **Gerolsbach** strikt an die Ausschilderung des Radwegs »Rund um die Hallertau«. In Gerolsbach bleiben wir auf der Schrobenhausener Straße und folgen der Ausschilderung über Aresing nach **Schrobenhausen**.

Die gut erhaltene **Altstadt** Schrobenhausens (seit 1447 Stadt) zeugt von den mittelalterlichen Wurzeln, und so ist der Bummel entlang der Stadtmauer, die den alten Kern umschließt, ein kultureller Genuss. Von den ursprünglich 24 Stadttürmen steht noch die Hälfte, und ihre Namen geben Aufschluss über die früheren Bewohner: Gefängnisturm, Bürgerturm oder Totengräberturm. Zentrum des geschichtsträchtigen Orts ist der Lenbachplatz, an dem auch heute noch, wie schon seit Jahrhunderten, der Markt abgehalten wird. Die spätgotische Stadtpfarrkirche St. Jakob, ebenfalls aus dem 15. Jahrhundert, schaut dabei zu. Aus dieser Zeit (um 1478) stammt auch das **Zeislmairhaus**, eines der ältesten Handwerkerhäuser Nordbayerns. Ab 1865 war es im Besitz der Schuhmacherfamilie Zeislmair. Seit 1990 als Museum zugänglich, kann man hier die Lebenswelten der Bewohner kennenlernen: im Erdgeschoss Wohnstube und Küche, im Dachgeschoss Schlafkammer und die Werkstatt mit Einrichtungs-, Alltagsgegenständen und Handwerkszeug aus der Jahrhundertwende (In der Lachen 1, Tel. 08252/902 13, schrobenhausen.de).

Die Hopfenstangen in der Hallertau folgen einem geometrischen Muster.

Beim Schlendern durch die Seitengassen mit ihren historischen Bauten trifft man unweigerlich auf das Museumsviertel (Schilder weisen darauf hin) mit gleich drei Museen: dem einzigen **Europäischen Spargelmuseum**, dem Pflegschloss und dem Lenbachhaus.

Der Spargelanbau ist eine schwierige Kunst. Nicht nur, dass die recht sensible Pflanze auf Witterungs- und Bodenverhältnisse stark reagiert – es gibt auch bis heute keine Möglichkeit, den Spargel maschinell zu ernten. Jede einzelne Stange wird also noch per Hand gestochen, danach wird das entstandene Loch mit Erde gefüllt und wieder glatt gestrichen. Dies erklärt auch den oftmals hohen Preis – Billigangebote zur Spargelzeit (von Mitte April bis Johanni/24. Juni) erreichen die Qualität eines Original Schrobenhausener Spargels bei Weitem nicht. Ein Freundeskreis aus Spargelliebhabern hat das erste Europäische Spargelmuseum ins Leben gerufen, untergebracht im Gefängnis- und Amtsturm der Stadtmauer. Was 1983 mit einem Stechmesser, einer Glättkelle und einem Spargelkorb begann, hat sich mittlerweile zu einer beachtlichen Sammlung gemausert: Im Erdgeschoss findet man Exponate zu Geschichte, Botanik und Anbau, alte Kräuterbücher und Kupferstiche, und im ersten Stock dreht sich alles ums Essen, u. a. mit Kochrezepten und Spargelgeschirr sowie dem Spargel als Kunstobjekt (Am Hofgraben 1a, Tel. 08252/90 98 50, schrobenhausen.de).

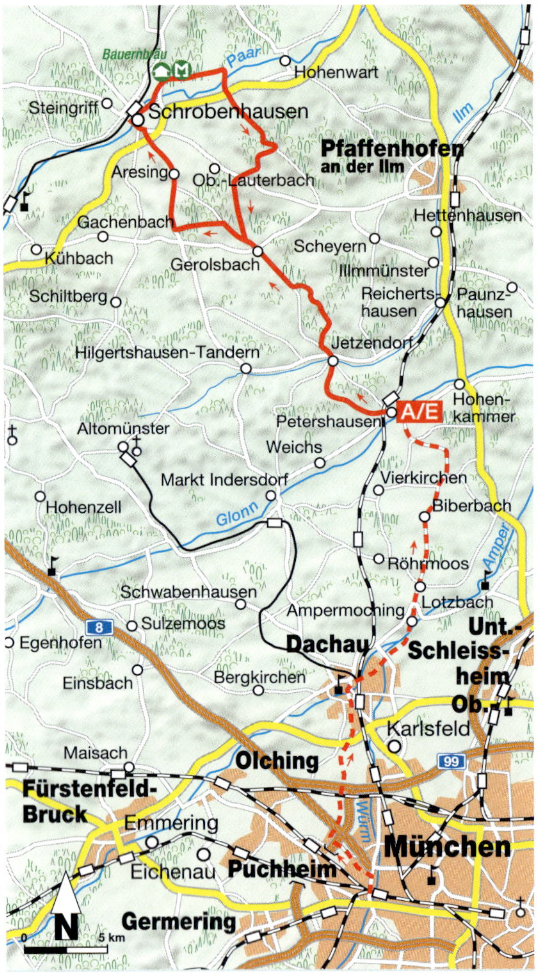

Das einzige europäische Spargelmuseum

Das **Pflegschloss**, eine frühe herzogliche Burg, beherbergt eine Ausstellung über die 1200-jährige Geschichte des hübschen Städtchens. Schwerpunkte sind die Gewerbe-, Handwerks- und Industriegeschichte sowie eine Sammlung sakraler Kunst, dazu kommen ständig wechselnde Ausstellungen. In dem in sich stimmigen Museumsviertel steht auch das **Geburtshaus Franz von Lenbachs** (1836–1904). Die Atmosphäre der Räume lässt den Besucher in Lenbachs Zeit eintauchen. Zu sehen sind zahlreiche Frühwerke, Portraits und Landschaftsbilder, die Einblicke in das Leben und Schaffen des später so einflussreichen Malerfürsten geben, der in der zweiten Hälfte des 19. Jahrhunderts ganz entscheidend die Münchner Kunstszene prägte. Der Tiermaler, Freund und Lehrer Johann Baptist Hofer ist ebenfalls hier vertreten – besonders schön: die großen Pilztafeln, auf denen jeder Pilz akribisch genau gemalt und dokumentiert ist.

Anleitung zum Spargelschälen

Spargelstangen werden immer vom Kopf zum Schnittende hin geschält. Dazu mit einem scharfen Küchenmesser oder mit dem Spargelschäler 1–2 cm unterhalb des Kopfes ansetzen und zunächst dünn, zum Ende hin dicker schälen. Eventuell holzige Enden großzügig abschneiden.

Marienstatue in Schrobenhausen

Den Rückweg nach **Petershausen** können wir schließlich auf dem Radweg »Paartaltour« antreten. Dabei verlassen wir den Ort in nordöstlicher Richtung auf dem »Paartalradweg«, biegen am Kreisverkehr vor Wangen nach rechts Richtung Waidhofen ab und radeln über die Weiler Wolfshof und Loch nach Englmannsberg, wo wir auf den Radweg »Rund um die Holledau« treffen, dem wir folgen, bis wir auf die uns schon vom Hinweg bekannte Route treffen.

Orts- und Sachregister

Radtattouri

Radtouren mit Genuss

Die Autorin dieses Reiseführers, Elisabeth Eberth hat 2013 das Radreiseunternehmen „Radtattouri-Radtouren mit Genuss in Oberbayern“ gegründet.

....und wie das französische Nationalgericht Ratatouille setzt sich auch Radtattouri nur aus den besten Zutaten zusammen:
auf schönen Wegen durch traumhafte Landschaften zu radeln
Lust und Laune auf Land, Leute, Kultur und Kulinarisches

- Geführte und individuelle Radtouren mit Genuss
- z.B. Münchner Seenrunde, Auf den Spuren König Ludwigs, Von München zum Isarursprung......
- Sternradtouren in Oberbayern
- Radtouren „Auf den Spuren des Blauen Reiters“
- Organisation von Gruppenreisen (z.B. „Vom Alpenrand zum Nordseestrand“)
- Firmenevents
- Gepäcktransport
- Geschenkideen, Geschenkgutschein für eine Radreise

www.radtattouri.de

Radtattouri • Radtouren mit Genuss in Oberbayern • M 0157.50 60 36 91 • radtouren-oberbayern@t-online.de